AF275219

COLEX

GRACIAS POR CONFIAR EN COLEX

Disfrute gratuitamente DURANTE UN AÑO de los eBook, audiolibros y Colex Copilot de las obras de Editorial Colex*

ACTIVA TU CÓDIGO PARA ACCEDER A LOS SERVICIOS

1. Accede a **www.colex.es**.

2. Inicia sesión o regístrate como usuario.

3. Dirígete al menú de usuario y haz clic en **«Mis códigos»**.

4. Introduce el siguiente código **(RASCA PARA VER EL CÓDIGO)**:

♦ Una vez se valide el código, aparecerá una ventana de confirmación y su eBook / audiolibro / Colex copilot estarán activos **durante 1 año desde su activación** en la pestaña «Mis libros» en el menú de usuario.

---

* Los audiolibros están disponibles en las ediciones más recientes de nuestras obras. Se excluyen expresamente las colecciones «Códigos comentados», «Biblioteca digital» y los productos de www.vademecumlegal.es. Colex Copilot únicamente está disponible en las ediciones más recientes de las colecciones «Paso a paso» y «Vademecum».

No se admitirá la devolución si el código promocional ha sido manipulado y/o utilizado.

¡Gracias por confiar en nosotros!

La obra que acaba de adquirir incluye de forma gratuita la versión electrónica.

Acceda a nuestra página web para aprovechar todas las funcionalidades de las que dispone en nuestro lector.

Funcionalidades eBook

Acceso desde cualquier dispositivo con conexión a internet

Idéntica visualización a la edición de papel

Navegación intuitiva

Tamaño del texto adaptable

Síguenos en:

NUEVA FUNCIONALIDAD CON INTELIGENCIA ARTIFICIAL EN LOS LIBROS DE COLEX

| Una cortesía de Iberley.es |

En Colex damos un paso más en innovación jurídica. Desde ahora, las guías «Paso a paso» y los «Vademecum» incorporan una nueva funcionalidad basada en **inteligencia artificial**, gracias a la tecnología de **Iberley IA**.

El lector podrá interactuar directamente con el contenido del libro de forma inmediata, útil y centrada exclusivamente en su materia.

☑ **¿Qué puede hacer el usuario en el libro?**

💬 Realizar preguntas sobre el contenido del libro.

📦 Solicitar explicaciones de artículos, conceptos o normativa.

☀ Utilizar un ChatBot inteligente, contextualizado y acoplado al contenido legal del libro.

💡 Resolver dudas puntuales mientras se estudia o trabaja con la obra.

☒ **¿Qué no puede hacer esta versión del ChatBot?**

✗ No permite generar escritos jurídicos.

✗ No analiza ni responde documentos externos.

✗ No responde a consultas de otras materias distintas a la del libro.

Esta herramienta está pensada para enriquecer la experiencia de lectura y consulta del libro. Su uso es exclusivo sobre su contenido.

¿QUIERES IR MÁS ALLÁ? DESCUBRE IBERLEY IA

Si necesitas una **solución avanzada de inteligencia legal**, con cobertura total de materias y documentos, entra en **www.iberley.es** y accede a todas las funcionalidades profesionales:

CUADRO SIMBÓLICO DE FUNCIONALIDADES		
Funcionalidad	**En los libros Colex**	**En Iberley.es**
Preguntar sobre el contenido del libro	✓	✓
Solicitar explicaciones jurídicas	✓	✓
ChatBot integrado al contenido del libro	✓	✓
Consultas sobre otras materias	✗	✓
Análisis de documentos externos	✗	✓
Generación de escritos jurídicos	✗	✓
Traducción jurídica	✗	✓
Informes y resúmenes legales automáticos	✗	✓
Contratos, guías prácticas y emails para clientes	✗	✓
Estrategias judiciales y jurisprudencia instantánea	✗	✓

FISCALIDAD EN IRPF DE LAS INDEMNIZACIONES POR DESPIDO O EXTINCIÓN DEL CONTRATO DE TRABAJO

Todas las claves sobre la exención de las indemnizaciones por despido o cese y su tratamiento en el IRPF de la persona trabajadora

FISCALIDAD EN IRPF DE LAS INDEMNIZACIONES POR DESPIDO O EXTINCIÓN DEL CONTRATO DE TRABAJO

Todas las claves sobre la exención de las indemnizaciones por despido o cese y su tratamiento en el IRPF de la persona trabajadora

EDICIÓN 2026

Obra realizada por el Departamento de Documentación de Iberley

COLEX 2026

SUMARIO

1.
LAS INDEMNIZACIONES POR EXTINCIÓN DEL CONTRATO DE TRABAJO Y SU FISCALIDAD EN EL IRPF

La extinción del contrato de trabajo y sus consecuencias económicas

El contrato de trabajo puede extinguirse, según indica el artículo 49 del ET, por **diferentes motivos**:

- Por mutuo acuerdo de las partes.
- Por las causas consignadas válidamente en el contrato o por expiración del tiempo convenido.
- Por dimisión del trabajador, muerte o jubilación de este.
- Por declaración de gran incapacidad, incapacidad permanente absoluta o total de la persona trabajadora, cuando no sea posible realizar los ajustes razonables por constituir una carga excesiva para la empresa, no exista un puesto de trabajo vacante y disponible, acorde con el perfil profesional y compatible con la nueva situación o, existiendo dicha posibilidad, el trabajador rechace el cambio de puesto de trabajo adecuadamente propuesto.

> **A TENER EN CUENTA**. Antes de la reforma operada por la Ley 2/2025, de 29 de abril, con entrada en vigor el 1 de mayo de 2025, el precepto se refería a la extinción por «*muerte, gran invalidez o incapacidad permanente total o absoluta del trabajador*». Tras la reforma, tal y como razona el propio preámbulo de la norma, «*se elimina la automaticidad de la extinción del contrato de las personas que acceden a la situación de incapacidad permanente total, absoluta o gran invalidez y se condiciona la decisión empresarial a la voluntad de la persona trabajadora y a la posibilidad de adaptar el puesto de trabajo o a la existencia de un puesto de trabajo vacante y disponible acorde con su perfil profesional y compatible con su nueva situación. En definitiva, la empresa únicamente podrá activar esta causa de extinción del contrato de trabajo cuando la adopción de las anteriores medidas suponga una carga excesiva*».

- Por muerte, jubilación o incapacidad del empresario, en su caso, o bien por extinción de la personalidad jurídica del contratante.

- Por fuerza mayor que imposibilite definitivamente la prestación del trabajo, debidamente constatada.

- Por despido del trabajador o por despido colectivo fundado en causas económicas, técnicas, organizativas o de producción.

- Por voluntad del trabajador, basada en un incumplimiento contractual del empresario.

- Por decisión de la trabajadora que se vea obligada a abandonar definitivamente su puesto de trabajo como consecuencia de ser víctima de violencia de género o de violencia sexual.

- Por causas objetivas legalmente procedentes (como la ineptitud del trabajador posterior a su colocación efectiva en la empresa o su falta de adaptación a las modificaciones técnicas razonables operadas en su puesto de trabajo).

En muchos de estos supuestos, y más allá del abono de las cantidades pendientes o que puedan adeudarse como consecuencia de la extinción del contrato de trabajo, el trabajador tendrá derecho a **percibir determinados importes económicos en concepto de indemnización**. Así sucedería, por ejemplo, en el caso de los despidos, donde la cuantía de la indemnización legalmente fijada dependerá del tipo de despido y de la calificación que, en su caso, merezca.

Dichas indemnizaciones podrán suponer cantidades importantes, seguramente a cobrar en un solo pago, con todo lo que, *a priori*, ello puede suponer en la declaración del IRPF del trabajador. Por ese motivo, además de contemplar otras medidas que suavicen los efectos fiscales de tales percepciones, la normativa tributaria excluye de gravamen las indemnizaciones derivadas del cese o despido del trabajador, en determinada medida y siempre que se cumplan una serie de requisitos.

CUESTIÓN

¿De qué tipos puede ser el despido en el ordenamiento jurídico español?

Las tres modalidades de despido principales son:

- El despido **disciplinario**, que se basa en un incumplimiento grave y culpable del trabajador (artículos 54 y 55 del ET). Por ejemplo, se considerarán incumplimientos contractuales las faltas repetidas e injustificadas de asistencia o puntualidad al trabajo o la indisciplina o desobediencia en el trabajo.

- El despido por causas objetivas o despido **objetivo**, que tiene su origen en determinadas circunstancias legalmente tasadas y referidas al propio trabajador o a la situación de la empresa, como la ineptitud del trabajador conocida o sobrevenida tras su colocación efectiva en la empresa o su falta de adaptación a las modificaciones técnicas en su puesto de trabajo (artículos 52 y 53 del ET).

- El despido **colectivo**, que supone la extinción de contratos de trabajo fundada en causas económicas, técnicas, organizativas o de producción cuando, en un período de tiempo determinado, la extinción afecte al menos a un cierto número de los trabajadores de la empresa.

A su vez, en caso de que se judicialice el despido, la sentencia podrá calificarlo como despido **procedente** (si se acredita la licitud de la actuación extintiva alegada o las causas objetivas que lo motivan), **improcedente** (en caso contrario o de incumplirse los requisitos formales establecidos) o **nulo** (cuando tenga por móvil alguna de las causas de discriminación constitucional o legalmente prohibidas, se produzca con violación de derechos fundamentales y libertades públicas del trabajador o en determinados supuestos concretos, como los que recogen los artículos 53.4 y 55.5 del ET).

La exención en IRPF de determinadas indemnizaciones por despido o cese del trabajador

El artículo 7.e) de la LIRPF declara exentas del impuesto las **indemnizaciones por despido o cese del trabajador**, en la **cuantía establecida con carácter obligatorio** en el Estatuto de los Trabajadores, en su normativa de desarrollo o, en su caso, en la normativa reguladora de la ejecución de sentencias, sin que pueda considerarse como tal la establecida en virtud de convenio, pacto o contrato.

Sin perjuicio de lo anterior, en los supuestos de despidos colectivos o cuando se extinga el contrato en el supuesto del artículo 52.c) del ET, siempre que, en ambos casos, se deban a causas económicas, técnicas, organizativas, de producción o por fuerza mayor, quedará exenta la parte de indemnización percibida que no supere los límites establecidos con carácter obligatorio en el mencionado Estatuto para el despido improcedente.

El importe de la indemnización exenta tendrá como límite la cantidad de **180.000 euros**.

Además, cabe destacar que la Ley Orgánica 1/2025, de 2 de enero, incorporó en la letra e) del artículo 7 de la LIRPF, con entrada en vigor el 3 de abril de 2025, la precisión adicional de que «*no tendrán la consideración de indemnizaciones establecidas en virtud de convenio, pacto o contrato, las acordadas en el acto de conciliación ante el Servicio administrativo al que se refiere el artículo 63 de la Ley 36/2011, de 10 de octubre, reguladora de la jurisdicción social*». Sin embargo, y en puridad, se trataría de una previsión de carácter meramente aclaratorio, en línea con la interpretación que la Administración tributaria y los tribunales ya venían manteniendo con carácter previo.

Sea como fuere, la aplicación de la exención se condiciona al cumplimiento de una serie de requisitos. Fundamentalmente, cuatro, que desarrollaremos a continuación:

- La existencia de un **despido o cese**.
- La extinción de una **relación de naturaleza laboral**.
- La **inexistencia de mutuo acuerdo**.
- La **desvinculación efectiva** de la empresa.

2.
REQUISITOS PARA APLICAR LA EXENCIÓN EN IRPF

¿Cuáles son los requisitos para aplicar la exención en el IRPF en indemnización por extinción del contrato de trabajo?

‖ La existencia de un despido o cese

En primer lugar, para que pueda aplicarse la exención, es necesario que la **indemnización percibida tenga como causa el despido o cese del trabajador** y, en este último caso, solo cabrá en los **supuestos en los que, conforme a la normativa laboral, el trabajador tenga derecho a una indemnización por el cese**. Dentro de este último grupo de supuestos podrían entrar, por ejemplo, los siguientes (donde la normativa laboral reconoce determinadas indemnizaciones que, cumplidos los requisitos oportunos y dentro de los límites correspondientes, podrían quedar exentas del impuesto):

- Cuando se notifique al trabajador la **decisión de trasladarlo a un centro de trabajo distinto de la empresa, que exija cambio de residencia**, el artículo 40 del ET permite que el trabajador opte entre el traslado (percibiendo una compensación por gastos) o por la extinción de su contrato (percibiendo una indemnización de 20 días de salario por año de servicio, prorrateándose por meses los períodos de tiempo inferiores a un año y con un máximo de 12 mensualidades).

- Conforme al artículo 50 del ET, el trabajador podrá **extinguir voluntariamente el contrato de trabajo por las siguientes justas causas** (con derecho a la indemnización prevista para el despido improcedente):

  » Modificación sustancial en las condiciones de trabajo que redunde en menoscabo de la dignidad del trabajador.

  » Falta de pago o retrasos continuados en el abono del salario pactado.

  » Cualquier otro incumplimiento grave de sus obligaciones por parte del empresario, salvo los supuestos de fuerza mayor, así como la negativa del mismo a reintegrar al trabajador en sus anteriores condiciones de trabajo en los supuestos previstos en los artículos 40 y 41 del ET, cuando una sentencia judicial haya declarado los mismos injustificados.

- Si la empresa acuerda **modificaciones sustanciales de las condiciones de trabajo** de carácter individual, que afecten a la jornada, horario y distribución del tiempo de trabajo, régimen de trabajo a turnos, sistema de remuneración y cuantía salarial o a las funciones que excedan de los límites previstos para la movilidad funcional, que **perjudiquen al trabajador**, este tendrá derecho a rescindir su contrato y a percibir una indemnización de 20 días de salario por año de servicio prorrateándose por meses los períodos inferiores a un año y con un máximo de nueve meses (siempre que no redunden en un menoscabo de su dignidad). Así resulta del artículo 41 del ET.

- En los casos de **muerte, jubilación o incapacidad del empresario**, el artículo 49.1.g) del ET establece que se extinguirá el contrato de trabajo, reconociendo que el trabajador tendrá derecho al abono de una cantidad equivalente a un mes de salario. Ahora bien, si la extinción se produce por extinción de la personalidad jurídica del contratante, habrá que seguir los trámites del despido colectivo del artículo 51 del ET.

- En el marco de la **relación laboral de carácter especial del personal de alta dirección**, el **artículo 11 del Real Decreto 1382/1985, de 1 de agosto**, contempla dos supuestos de interés a este respecto, según vienen sosteniendo la doctrina administrativa y los tribunales:

  » El contrato de trabajo podrá extinguirse por **desistimiento del empresario** y el alto directivo tendrá derecho a las indemnizaciones pactadas en el contrato. Ahora bien, a falta de pacto, el precepto indica que la indemnización será equivalente a siete días del salario en metálico por año de servicio con el límite de seis mensualidades. La indemnización que la norma fija para este supuesto se considera como mínima obligatoria a los efectos de la exención, como también la que se especifica en el siguiente punto. En este caso, habría que acudir a la sentencia del Tribunal Supremo n.º 1528/2019, de 5 de noviembre, ECLI:ES:TS:2019:3678.

  » En caso de **despido improcedente**, a falta de pacto en el contrato, se prevé una indemnización de 20 días de salario en metálico por año de servicio y hasta un máximo de 12 mensualidades. A este respecto, pueden considerarse la resolución del Tribunal Económico Administrativo-Central n.º 2766/2019, de 25 de febrero de 2022, y la sentencia de la Audiencia Nacional de 21 de octubre de 2021, en recurso n.º 684/2021, ECLI:ES:AN:2021:4629.

- Tratándose de la **relación laboral especial de los deportistas profesionales**, el artículo 15 del Real Decreto 1006/1985, de 26 de junio, determina que, en caso de **despido improcedente**, sin readmisión, el deportista profesional tendrá derecho a una indemnización, que a falta de pacto se fijará judicialmente, de al menos dos mensualidades de sus retribuciones periódicas, más la parte proporcional correspondiente de los complementos de calidad y cantidad de trabajo percibidos durante el último año, prorrateándose por meses los períodos de tiempo inferiores a un año, por año de servicio. La exención podrá alcanzar hasta ese importe de dos mensualidades por año trabajado.

- La **relación laboral de carácter especial del servicio del hogar familiar**, conforme al artículo 11 del Real Decreto 1620/2011, de 14 de noviembre, podrá extinguirse por las **causas establecidas en el artículo 49.1 del ET, aplicándose la normativa laboral común** salvo en lo que resulte incompatible con las peculiaridades derivadas del carácter especial de esta relación. Ahora bien, esta relación laboral especial también podrá extinguirse por las **siguientes tres causas, que estén justificadas**: disminución de los ingresos de la unidad familiar o incremento de sus gastos por circunstancia sobrevenida, modificación sustancial de las necesidades de la unidad familiar que justifican que se prescinda de la persona trabajadora del hogar y comportamiento de esta que fundamente de manera razonable y proporcionada la pérdida de confianza de la persona empleadora. En estos casos que acaban de mencionarse, se prevé una indemnización en cuantía equivalente al salario correspondiente a 12 días por año de servicio con el límite de seis mensualidades.

A TENER EN CUENTA. Hasta la modificación realizada por el Real Decreto-ley 16/2022, de 6 de septiembre, el artículo 11.3 del Real Decreto 1620/2011, de 14 de noviembre, contemplaba la posibilidad de extinción del contrato en la relación laboral especial del servicio del hogar familiar por desistimiento del empleador, mediante el pago de cierta indemnización. Sin embargo, la norma mencionada eliminó esa figura del precepto con entrada en vigor el 9 de septiembre de 2022.

Por lo demás, la exención no alcanzará a aquellas indemnizaciones que se obtengan por causas distintas de las antes referidas, como la extinción de un contrato de trabajo por expiración del tiempo convenido o por finalización de la obra o servicio objeto del contrato, o la resolución del contrato por mutuo acuerdo entre las partes. Y, evidentemente, tampoco quedarán amparados por la exención los importes que se perciban en conceptos distintos del de «indemnización», como el finiquito, los salarios de tramitación y, en su caso, los intereses de demora. Todas esas cantidades tributarán como rendimientos del trabajo en el IRPF del contribuyente.

RESOLUCIONES ADMINISTRATIVAS

Resolución del Tribunal Económico-Administrativo Central n.º 1218/2022, de 30 de enero de 2025

Asunto: exención en IRPF de la indemnización por cese de relación laboral común que había quedado suspendida por pase a relación laboral especial de alta dirección.

«En el supuesto de una relación laboral común suspendida por pase a una relación laboral especial de alta dirección, el importe de la indemnización por cese posterior de la relación laboral común que resultará exento del IRPF se determinará por los salarios dejados de percibir en el momento de suspensión de la relación laboral común, que deben ser actualizados conforme al IPC hasta la fecha del abono efectivo de la indemnización.

Reitera criterio de resolución de fecha 8-03-2018, RG 1476/2014».

Consulta vinculante de la Dirección General de Tributos (V1504-23), de 2 de junio de 2023

Asunto: la exención del artículo 7.e) de la LIRPF no alcanza a la derivada de la finalización de un contrato de duración determinada.

«A efectos de la aplicación de la exención, además de que la indemnización percibida venga establecida con carácter obligatorio en el Estatuto de los Trabajadores, es preciso que la causa de la misma sea el despido o cese del trabajador, y en este último caso sólo en los supuestos que de acuerdo con la normativa laboral el trabajador tiene derecho a una indemnización por el cese. Por el contrario, en los casos en que el trabajador percibe una indemnización por causas distintas, como puede ser en los supuestos de extinción del contrato de trabajo por expiración del tiempo convenido o por finalización de la obra o servicio objeto del contrato, aunque exista derecho a la percepción de la misma no se trata de una renta exenta.

En consecuencia, la indemnización percibida por la finalización de un contrato de duración determinada no se encuentra amparada por el ámbito de la exención recogida en el artículo 7.e) de la Ley del Impuesto».

La extinción de una relación de naturaleza laboral

El artículo 7.e) de la LIRPF solo declara exentas, dentro de ciertos límites, las indemnizaciones por despido o cese del trabajador que se obtengan como consecuencia de la **extinción de una relación de carácter laboral**, sea común o especial. Por el contrario, no resultarían exentas las indemnizaciones que se perciban por la resolución o extinción de relaciones mercantiles, civiles o de otro tipo.

Por ejemplo, se encontraría sujeta y no exenta del IRPF la indemnización que pueda percibir el administrador de una sociedad cuando se rompa la relación mercantil que lo una con la entidad o la que obtenga un trabajador autónomo económicamente dependiente (TRADE) por la extinción de la relación que lo vincule con su cliente. No en vano, en ambos casos, su configuración jurídica es distinta de la que se establece para un trabajador en régimen de dependencia laboral.

CUESTIONES

1. Un contribuyente percibe un determinado importe como indemnización por el cese en su condición de administrador de una sociedad, a la que estaba unido en virtud de una relación de carácter mercantil. ¿Tendrá que tributar por esa indemnización en su IRPF o se encontrará exenta?

Dicha indemnización, a pesar de tener su origen en una relación de carácter mercantil, tendrá la consideración de rendimiento del trabajo a los efectos del IRPF del administrador cesado, conforme al artículo 17.2.e) de la LIRPF, sin que resulte de aplicación la exención prevista en el artículo 7.e) de la LIRPF. No en vano, como razona la Dirección General de Tributos en su consulta vinculante (V1536-21), de 24 de mayo de 2021, «el carácter mercantil de la relación que le une con la empresa impide la aplicación de la exención prevista para las indemnizaciones por despido o cese de trabajadores en la letra e) del artículo 7 de la LIRPF, prevista para las relaciones laborales».

2. ¿Qué sucederá si el administrador, además de estar unido a la sociedad por un vínculo mercantil, también está ligado a ella por una relación laboral especial del personal de alta dirección?

En la resolución n.º 2059/2020, de 18 de diciembre de 2023, el TEAC modificó su criterio a ese respecto, siguiendo la jurisprudencia del Tribunal Supremo y estableciendo lo siguiente:

«Debe rechazarse que, sin mayor análisis, la sola invocación de la "teoría del vínculo", sostenga que la relación laboral especial de alta dirección ceda ante la mercantil que une a los Administradores y/o miembros del Consejo de Administración con la sociedad, todo ello de acuerdo con la reciente jurisprudencia de la Sala de lo Contencioso Administrativo del Tribunal Supremo.

Este TEAC, acogiendo el criterio del Tribunal Supremo en sentencia de 27 de junio de 2023 (recurso de casación 6442/2021) y de 2 de noviembre de 2023 (recurso de casación 3940/2022) , modifica su criterio sentado en la reclamación 00/3759/2013, de 06/11/2013, de modo que **no basta con la mera existencia del vínculo mercantil para que, en atención a la prioridad de la relación orgánica, de carácter mercantil, que une a los Administradores y miembros de los Consejos de Administración con la sociedad, se prescinda de la relación laboral de alta dirección y de la posible exención de parte de la indemnización recibida** *a la que ella pueda conducir.*

Asimismo, tampoco puede sostenerse, modificando el criterio de la Resolución 00/7014/2015, de 16 de enero de 2019, que no sea aplicable la jurisprudencia del TJUE (Sentencias del TJUE, de 11 de noviembre de 2010, Asunto C-232/09, "caso Danosa", y de 9 de julio de 2015, Asunto C-229/14, "caso Balka) que niega que la relación mercantil que une a los miembros de los Consejos de Administración y Administradores con las respectivas sociedades absorba la relación laboral especial de alta dirección.

CAMBIO DE CRITERIO respecto a RG 1471/2020 de 23/11/2021, RG 7014/2015, de 16-01-2019 , RG 3759/2013, de 06/11/2013 y RG 6796/2011 de 8-05-2014».

En la misma línea se pronuncia también su posterior resolución n.º 7819/2020, de 22 de abril de 2024.

RESOLUCIÓN RELEVANTE

Sentencia del Tribunal Supremo n.º 805/2025, de 24 de junio, ECLI:ES:TS:2025:2873

Asunto: aplicación de la exención del artículo 7.e) de la LIRPF a la indemnización percibida por extinción de un contrato de alta dirección por desistimiento del empresario.

«A la luz de la doctrina sentada en la sentencia del Pleno de la Sala de lo Social del Tribunal Supremo de 22 de abril de 2014 (casación para la unificación de doctrina 1197/2013), necesariamente se ha de entender que en los supuestos de extinción del contrato de alta dirección por desistimiento del empresario existe el derecho a una indemnización mínima obligatoria de 7 días de salario por año de trabajo, con el límite de seis mensualidades y, por tanto, que esa cuantía de la indemnización está exenta de tributación en el Impuesto sobre la Renta de las Personas Físicas, al amparo del artículo 7.e) del texto refundido de la Ley del Impuesto sobre la Renta de las Personas Físicas, aprobado por Real Decreto Legislativo 3/2004, de 5 de marzo».

|| La inexistencia de mutuo acuerdo

El artículo 7.e) de la LIRPF expresamente indica que la indemnización por despido o cese del trabajador quedará exenta «**en la cuantía establecida con carácter obligatorio** en el texto refundido de la Ley del Estatuto de los Trabajadores, aprobado por el Real Decreto Legislativo 2/2015, de 23 de octubre, en su normativa de desarrollo o, en su caso, en la normativa reguladora de la ejecución de sentencias, **sin que pueda considerarse como tal la establecida en virtud de convenio, pacto o contrato**» (en su redacción dada por la Ley Orgánica 1/2025, de 2 de enero, con entrada en vigor el 3 de abril de 2025, que en este fragmento se limitó a introducir la referencia específica a la norma que aprobó el actual ET). Por lo tanto, para que quede exenta, la indemnización **no puede ser fruto de un pacto o contrato**.

Por otra parte, será necesario que exista **conciliación o resolución judicial** que la reconozca, salvo en el caso de los despidos por causas objetivas. En ese sentido, la Ley Orgánica 1/2025, de 2 de enero, con entrada en vigor el 3 de abril de 2025, incorporó de manera expresa en el precepto que «no tendrán la consideración de indemnizaciones establecidas en virtud de convenio, pacto o contrato, las acordadas en el acto de conciliación ante el Servicio administrativo al que se refiere el artículo 63 de la Ley 36/2011, de 10 de octubre, reguladora de la jurisdicción social». Aunque, en puridad, la introducción de esa previsión a nivel legal tiene un carácter meramente aclaratorio, pues con carácter previo la Administración tributaria y los tribunales ya venían manteniendo esa misma interpretación.

A modo de ejemplo, suele considerarse que existe un **pacto entre la empresa y el trabajador** en supuestos como los siguientes:

- El reconocimiento de una antigüedad anterior.
- La indemnización por pacto de no competencia.
- La indemnización por jubilación anticipada por mutuo acuerdo.
- La indemnización por renuncia del trabajador a su puesto de trabajo.
- La compensación económica por acoso laboral por mutuo acuerdo.

Al margen de todo ello, lo cierto es que, con esta exigencia, el legislador trata de evitar que se beneficien de la exención aquellos supuestos en los que la empresa y el trabajador llegan a un acuerdo en el que ponen fin a la relación laboral de mutuo acuerdo, pero dándole externamente la forma de despido improcedente, de modo que: por una parte, la empresa abona el finiquito y una indemnización inferior a la que legalmente correspondería por un despido improcedente; y, por la otra, el trabajador acepta la indemnización ofrecida y se compromete a no reclamar, pudiendo aplicarse la exención en el IRPF y acceder al cobro de la prestación por desempleo. Se trata de una práctica especialmente habitual cuando se trata de trabajadores próximos a la edad de jubilación, conocida por la Agencia Tributaria y por los tribunales, que le dan respuesta a través del estudio de las concretas **circunstancias que concurran en cada caso**, para **distinguir los auténticos despidos de aquellos acuerdos extintivos a los que se les da esa forma con ánimo fraudulento**.

Y, es que, no en vano, como apuntaba el Tribunal Supremo en su sentencia de 22 de marzo de 2012, en recurso n.º 2975/2008, ECLI:ES:TS:2012:2212, «*la potestad de calificación del hecho imponible, que corresponde a la Administración, eso sí, sometida a la fiscalización de la jurisdicción contencioso-administrativa, hace que no tenga por qué compartirse ni la calificación de la causa de extinción del contrato de trabajo ni el carácter de la indemnización que se haya reconocido por las partes*».

Así las cosas, puede resultar particularmente interesante la sentencia de la Audiencia Nacional de 3 de julio de 2019, en recurso n.º 144/2017, ECLI:ES:AN:2019:2869; que se refiere a un supuesto en el que una empresa, en un contexto de reducción de gastos y de personal, acuerda con distintos trabajadores próximos a la edad de jubilación la extinción de sus contratos de trabajo, pero dándoles la apariencia de despidos improcedentes. La Sala concluye que, «*por más que pueda resultar razonable el alcanzar acuerdos al respecto, lo cierto es que **la norma tributaria condiciona la exención de la indemnización por despido (hasta el máximo legal) a que este sea efectivamente tal y no un acuerdo extintivo** que, en términos generales, o permite al trabajador enlazar con la prestación de jubilación de modo directo o cobrar el desempleo hasta que llegue la jubilación*».

Pues bien, a fin de determinar la auténtica naturaleza de esos ceses, la Sala realiza un estudio de las circunstancias concurrentes y extrae una serie de indicios que pueden resultar de ayuda para **determinar si se está ante un auténtico despido o, por el contrario, ante un acuerdo extintivo de la relación laboral** (que conllevaría la sujeción de la indemnización percibida al IRPF y la obligación de la empresa de practicar la correspondiente retención). Básicamente, serían los siguientes:

- La existencia de un acta en la que la empresa recoge la necesidad de reducir gastos.

- La **edad de los trabajadores** en el momento de la extinción del contrato (en el supuesto, comprendida entre los 62 y 68 años).

- La aceptación, por parte de los empleados, de cantidades muy inferiores a las que procederían de acuerdo con la normativa laboral de resultar el despido improcedente.

- La fijación de las cuantías de las indemnizaciones, en la que no se tuvo en cuenta la antigüedad de los trabajadores en la plantilla, sino el tiempo que les faltaba para alcanzar la edad de su teórica jubilación.

- La **ausencia de elementos en los que se aprecien signos de litigiosidad**, como, por ejemplo, los siguientes: inexistencia de cartas de despido, carácter verbal de los despidos, sin alegación de causa, suscripción de escritos idénticos por los distintos trabajadores ante el servicio de conciliación, finalización de las conciliaciones con avenencia entre las partes y sin intervención judicial, renuncia a cualquier reclamación posterior en el acta de conciliación.

La propia sentencia recalca que todos estos indicios no tienen, por sí solos, la misma fuerza de convicción, sino que unos serían más relevantes y otros complementarios (pero también importantes, en la medida en que dotarían de coherencia y de solidez la valoración de los principales). Por ello, sería imprescindible atender al valor que les proporciona su apreciación global.

RESOLUCIONES RELEVANTES

Sentencia de la Audiencia Nacional de 25 de febrero de 2025, recurso n.º 1203/2020, ECLI:ES:AN:2025:1950

Asunto: imposibilidad de aplicar la exención del artículo 7.e) de la LIRPF en caso extinción de la relación por mutuo acuerdo de las partes.

«26. A la luz de las consideraciones anteriores, consideramos que en el presente caso *la prueba indiciaria valorada por la Inspección y confirmada después por el TEAC permite tener por acreditado que la extinción de la relación laboral se produjo de mutuo acuerdo entre la recurrente y la empresa y no como consecuencia de un despido.*

27. A fin de no ser reiterativos nos remitimos a la valoración de los diversos indicios que se recoge en el FD 7 de la resolución recurrida, enunciándolos de forma muy sintética:

(i) el contenido del acuerdo indemnizatorio suscrito por las partes evidencia un proceso transaccional que va más allá de la cuantía de la indemnización, alcanzado incluso a la cancelación del pacto de no competencia; (ii) las manifestaciones realizadas por la recurrente en el curso de las actuaciones inspectoras que ponen de manifiesto la existencia de dichas negociaciones sobre su salida de la empresa;

(iii) la simultaneidad de las fechas de la carta de despido por causa disciplinaria, la rectificación de la empresa aceptando como improcedente el despido y el acuerdo indemnizatorio que permite inferir la existencia del referido proceso negociador sobre la extinción de las relaciones laborales (ordinaria y de alta dirección) y no sólo sobre las consecuencias económicos de un cese ya acordado unilateralmente por el empresario;

(iv) la contradicción existente entre las manifestaciones contenidas en la carta de despido por causa disciplinaria y la rectificación de la empresa al calificarlo como improcedente, unida a su simultaneidad y al hecho de que se aluda en el acuerdo indemnizatorio a la reorganización de la mercantil como causa del cese de la recurrente, lo que permite concluir que dichas comunicaciones no responden a una decisión unilateral del empresario, sino a la formalización del acuerdo alcanzado tras el proceso negociador entablado entre las partes; y

(v) las declaraciones realizadas por la empresa, en las cuentas anuales del ejercicio 2009-2010 y en la comunicación cursada a la Presidenta del Comité de Empresa, en que se alude tanto a la firma de acuerdos de despido con nueve empleados de la compañía (entre ellos la Sra. Marí Luz) y la adecuación de plantilla por causas organizativas, estructurales y de volumen de facturación articulada "a efectos de mantener la paz social" a través de prejubilaciones y ofertas individuales, respectivamente.

28. Es cierto que algunos de los anteriores indicios tienen mayor relevancia que otros y que, aisladamente considerados, podría atribuírseles una significación distinta a la otorgada por la Inspección.

29. Sin embargo, *valorados dichos indicios de manera conjunta y con base en las circunstancias justificadas en el acuerdo de liquidación, permiten alcanzar la conclusión de que la indemnización satisfecha no deriva de un despido improcedente, aunque las partes lo calificaran así en el ámbito laboral, sino que el cese de relación laboral fue consecuencia de un "convenio, pacto o contrato" entre el empresario y la trabajadora, supuesto para el que la norma no establece la exención*».

Sentencia del Tribunal Supremo n.º 495/2023, de 20 de abril, ECLI:ES:TS:2023:1820

Asunto: indemnización no exenta de tributación por pacto extintivo encubierto y no por decisión unilateral del empleador.

«*Es frecuente que en este tipo de asuntos se aduzca que el trabajador aceptó una indemnización inferior a la que le correspondía por la incertidumbre del resultado del proceso (que pudiera declarar la procedencia del despido), y ello puede ser un motivo atendible en determinadas circunstancias, pero en el presente caso ya la propia carta reconocía la improcedencia del despido y la propia indemnización de 45 días de salario por año de antigüedad que quedaba desde entonces a disposición del empleado, razón por la cual no había incertidumbre que neutralizar con un pacto sobre la indemnización.*

*Este elemento de la **aceptación de una indemnización inferior a la procedente en las circunstancias descritas** es, a nuestro juicio, el decisivo para acreditar que **no hubo decisión unilateral de la empresa sino acuerdo con el trabajador con minoración del coste indemnizatorio** para la empresa y exención tributaria para un trabajador que con 59 años se encontraba próximo a la edad de jubilación y con la posibilidad de percibir desempleo entretanto. De no ser así, el empleado hubiera razonablemente acudido al proceso en condiciones muy favorables a la vista que la carta de despido reconocía su improcedencia.*»

En suma, para la sentencia cuestionada, el cese del Sr. Edemiro fue pactado con la empresa, lo que constituye una apreciación fáctica a la que llega el tribunal de instancia a través de la oportuna valoración de la prueba que, evidentemente, debe quedar al margen del recurso de casación».

La desvinculación efectiva de la empresa

Según indica el artículo 1 del RIRPF, **el disfrute de esta exención queda condicionado a la real efectiva desvinculación del trabajador con la empresa**.

Se **presumirá**, salvo prueba en contrario, que **no se da dicha desvinculación cuando en los tres años siguientes al despido o cese el trabajador vuelva a prestar servicios a la misma empresa o a otra empresa vinculada** a aquella en los términos previstos en el artículo 18 de la LIS. Con ello, y tal y como ha señalado la Dirección General de Tributos, el precepto «*alude al hecho en sí de que se vuelva a prestar servicios en las condiciones expuestas (que se trate de la misma empresa u otra vinculada y que se efectúe dentro de los tres años siguientes a la efectividad del despido o cese) sin que, a estos efectos, se especifique el tipo o naturaleza jurídica que deba adoptar el contrato o los servicios prestados tras la reanudación de la prestación de los mismos, es decir, **resulta indiferente tanto su duración como que los servicios prestados por el trabajador despedido dentro de los tres años siguientes deriven de una nueva relación laboral o de la realización de una actividad empresarial o profesional*****» [consulta vinculante de la Dirección General de Tributos (V1048-23), de 27 de abril de 2023].

Ahora bien, esa presunción **admite prueba en contrario**, por lo que podría mantenerse la exención cuando se demuestre que existe una real y efectiva desvinculación del trabajador despedido con la empresa. Es decir, el trabajador podrá acreditar, por cualquiera de los medios de prueba admitidos en derecho (que corresponde valorar a los órganos encargados de las actuaciones de comprobación e investigación tributaria) que **en su día se produjo dicha**

desvinculación y que los servicios que después preste, por la naturaleza y características de los mismos o de la propia relación de la que deriven, no enervan dicha desvinculación.

Por otra parte, según señala la resolución del Tribunal Económico-Administrativo Central n.º 2016/2020, de 22 de abril de 2021, para que opere la mencionada presunción *iuris tantum*, basta con que, en los tres años siguientes a su despido o cese, el trabajador vuelva a prestar servicios a la misma empresa o a otra empresa vinculada a aquella en los términos de dicho precepto, sin que sea necesaria la apreciación de una finalidad fraudulenta en la nueva prestación de servicios. Por ello, se fija como criterio que **la inexistencia de ánimo defraudatorio en la nueva relación con la misma empresa u otra vinculada no conlleva la aplicación automática de la exención** del artículo 7.e) de la LIRPF.

RESOLUCIÓN ADMINISTRATIVA

Resolución del Tribunal Económico-Administrativo Central n.º 3202/2016, de 29 de junio de 2020

Asunto: inexistencia de desvinculación real y efectiva de la empresa en caso de continuidad en la prestación de los servicios a través de una sociedad interpuesta desde el mismo momento del despido.

«En los casos en los que la Inspección pruebe que al tiempo del despido las partes ya han acordado que el trabajador despedido preste los mismos servicios a través de una sociedad interpuesta, no se produce la desvinculación efectiva de la empresa, y no habrá exención.

Es más, cuando aquella nueva prestación de servicios se inicia con antelación al vencimiento del plazo de presentación de la declaración-liquidación de Retenciones que debiera incluir las retenciones practicadas e ingresadas con ocasión del pago de la indemnización por despido, se reconoce la facultad de la Administración tributaria de regularizar la situación tributaria de la pagadora en lo que se refiere a las retenciones no ingresadas correspondientes a aquella indemnización por despido, cuyo derecho nació y se extinguió prácticamente al mismo tiempo».

3.
LA INDEMNIZACIÓN POR DESPIDO IMPROCEDENTE EN EL IRPF

El despido improcedente en el IRPF del trabajador despedido

Cuando un proceso de despido se judicializa, en el fallo de la sentencia que recaiga, **el despido podrá ser calificado como procedente, improcedente o nulo.** Una calificación que conllevará diferentes consecuencias, que tendrán también su traducción en el plano fiscal.

En este epígrafe nos centraremos en el estudio de la fiscalidad ligada al despido improcedente, mientras que en los siguientes se verá la correspondiente a los despidos objetivos y colectivos.

CUESTIÓN

Si el despido se califica como procedente, ¿existirá derecho a indemnización?

Según resulta del artículo 55.7 del ET, el despido disciplinario procedente convalidará la extinción del contrato de trabajo que con él se produjo, sin derecho a indemnización ni a salarios de tramitación. Ahora bien, si se tratase de un despido por causas objetivas procedente, existirá derecho a una indemnización de 20 días por año de servicio, prorrateándose por meses los períodos de tiempo inferiores a un año y con un máximo de 12 mensualidades [artículo 53.5.a) del ET].

La calificación del despido como «improcedente» y sus consecuencias

El despido se calificará como improcedente cuando **no quede acreditada la licitud de la actuación extintiva alegada por el empresario, la certeza de las causas objetivas en que se hubiera basado o no se hubieran cumplido las exigencias formales** requeridas en cada caso.

Según se desprende del artículo 110 de la LJS, si la sentencia declara que el despido es improcedente, se condenará al empresario a la readmisión del trabajador con abono de los salarios de tramitación o, a su elección, al abono de la correspondiente indemnización. Es decir, dentro del plazo de cinco días desde la notificación de la sentencia que califique el despido como improcedente, el empresario tendrá que optar entre las siguientes posibilidades:

- **Readmitir al trabajador en las mismas condiciones** que regían antes de producirse el despido, **con abono de los salarios de tramitación** a los que se refiere el artículo 56.2 del ET. Estos salarios de tramitación equivaldrán a una cantidad igual a la suma de los salarios dejados de percibir desde la fecha de despido hasta la notificación de la sentencia que declarase la improcedencia o hasta que hubiera encontrado otro empleo, si tal colocación fuera anterior a dicha sentencia y se probase por el empresario lo percibido, para su descuento de los salarios de tramitación.

- Abonar al trabajador una **indemnización**, cuya cuantía se fijará de acuerdo con el artículo 56.1 del ET. La opción por la indemnización determinará la extinción del contrato de trabajo, que se entenderá producida en la fecha del cese efectivo en el trabajo.

Y, ello, con las siguientes particularidades:

- En el acto de juicio, la parte titular de la opción entre readmisión o indemnización podrá anticipar su opción, para el caso de declaración de improcedencia, mediante expresa manifestación en tal sentido, sobre la que se pronunciará el juez en la sentencia, sin perjuicio de los efectos del recurso contra la sentencia que declare el despido como improcedente (artículos 111 y 112 del ET).

- A solicitud de la parte demandante, si constare no ser realizable la readmisión, podrá acordarse, en caso de improcedencia del despido, tener por hecha la opción por la indemnización en la sentencia, declarando extinguida la relación en la propia sentencia y condenando al empresario a abonar la indemnización por despido, calculada hasta la fecha de la sentencia.

- En los despidos improcedentes de trabajadores cuya relación laboral sea de carácter especial, la cuantía de la indemnización será la establecida, en su caso, por la norma que regule dicha relación especial.

> **A TENER EN CUENTA**. La opción mencionada corresponderá, sin embargo, al trabajador, en el caso de que se declarase improcedente el despido de un representante legal o sindical de los trabajadores. Si no efectuase la opción, se entenderá que elige la readmisión. Cuando la opción, expresa o presunta, sea en favor de la readmisión, esta será obligada. Tanto si opta por la indemnización como si lo hace por la readmisión, tendrá derecho a los salarios de tramitación.

En el caso de que el empresario no opte por una u otra posibilidad, se entiende que procede la readmisión.

Cuando el despido fuese declarado improcedente por incumplimiento de los requisitos de forma establecidos y se hubiese optado por la readmisión, podrá efectuarse un nuevo despido dentro del plazo de siete días desde la notificación de la sentencia. Dicho despido no constituirá una subsanación del primitivo acto extintivo, sino un nuevo despido, que surtirá efectos desde su fecha.

Cuantía de la indemnización por despido improcedente que establece el ET

Para los **contratos de trabajo suscritos a partir de 12 de febrero de 2012**, el artículo 56.1 del ET establece que la indemnización será equivalente a **33 días de salario por año de servicio**, prorrateándose por meses los períodos de tiempo inferiores a un año, hasta un **máximo de 24 mensualidades**.

Cuando se trate de **contratos de trabajo** formalizados antes de dicha fecha (12 de febrero de 2012), habrá que atender a lo previsto en la disposición transitoria undécima del ET y que distinguir **dos tramos** a efectos de cálculo:

- La indemnización correspondiente al primer tramo (período anterior al 12 de febrero de 2012) se calculará a razón de **45 días de salario por año de servicio por el tiempo de prestación de servicios anterior a dicha fecha**, prorrateándose por meses los períodos de tiempo inferiores a un año.

- La indemnización correspondiente al segundo tramo (período posterior al 12 de febrero de 2012) se fijará a razón de **33 días de salario por año de servicio por el tiempo de prestación de servicios posterior a la fecha indicada**, prorrateándose igualmente por meses los períodos de tiempo inferiores a un año.

El importe indemnizatorio resultante de la disposición transitoria undécima del ET **no podrá ser superior a 720 días de salario**, salvo que del **cálculo de la indemnización por el período anterior al 12 de febrero de 2012 resultase un número de días superior**, en cuyo caso se aplicará este como importe indemnizatorio máximo, sin que dicho importe pueda ser superior a **42 mensualidades**, en ningún caso.

A efectos de indemnización por extinción por causas objetivas, los contratos de fomento de la contratación indefinida celebrados con anterioridad al 12 de febrero de 2012 continuarán rigiéndose por la normativa a cuyo amparo se concertaron; pero, en caso de despido disciplinario, la indemnización por despido improcedente se calculará conforme a lo antes indicado.

A TENER EN CUENTA. En el marco de algunas relaciones laborales de carácter especial, su normativa específica reguladora puede establecer indemnizaciones por despido improcedente distintas de las del ET, que tengan también el carácter de mínimas obligatorias de cara a la exención en el IRPF. Así, por ejemplo, en el marco de la **relación laboral de carácter especial del personal de alta dirección**, el artículo 11 del Real Decreto 1382/1985, de 1 de agosto, establece para el despido improcedente, a falta de pacto en el contrato, una indemnización de 20 días de salario en metálico por año de servicio y hasta un máximo de 12 mensualidades. Asimismo, en **la relación laboral especial de los deportistas profesionales**, según el artículo 15 del Real Decreto 1006/1985, de 26 de junio, en caso de despido improcedente, sin readmisión, el deportista profesional tendrá derecho a una indemnización, que a falta de pacto se fijará judicialmente, de al menos dos mensualidades de sus retribuciones periódicas, más la parte proporcional correspondiente de los complementos de calidad y cantidad de trabajo percibidos durante el último año, prorrateándose por meses los períodos de tiempo inferiores a un año, por año de servicio.

Las indemnizaciones por despido improcedente en el IRPF

Cuando el trabajador perciba una **indemnización por despido improcedente**, su importe podrá quedar exento en los términos y con los límites que establece el artículo 7.e) de la LIRPF, a cuyo tenor:

«e) Las **indemnizaciones por despido o cese del trabajador, en la cuantía establecida con carácter obligatorio** en el texto refundido de la Ley del Estatuto de los Trabajadores, aprobado por el Real Decreto Legislativo 2/2015, de 23 de octubre, en su normativa de desarrollo o, en su caso, en la normativa reguladora de la ejecución de sentencias, **sin que pueda considerarse como tal la establecida en virtud de convenio, pacto o contrato**.

Sin perjuicio de lo dispuesto en el párrafo anterior, en los supuestos de despidos colectivos realizados, o cuando se extinga el contrato en el supuesto de la letra c) del artículo 52 del mismo texto, siempre que, en ambos casos, se deban a causas económicas, técnicas, organizativas, de producción o por fuerza mayor, quedará exenta la parte de indemnización percibida que no supere los límites establecidos con carácter obligatorio en el mencionado Estatuto para el despido improcedente.

No tendrán la consideración de indemnizaciones establecidas en virtud de convenio, pacto o contrato, las acordadas en el acto de conciliación ante el Servicio administrativo al que se refiere el artículo 63 de la Ley 36/2011, de 10 de octubre, reguladora de la jurisdicción social.

El importe de la indemnización exenta a que se refiere esta letra tendrá como **límite la cantidad de 180.000 euros**».

A TENER EN CUENTA. La redacción de la letra e) del artículo 7 de la LIRPF que acaba de reproducirse es la resultante de la modificación operada por la **Ley Orgánica 1/2025, de 2 de enero, con entrada en vigor el 3 de abril de 2025**. El principal cambio que incorporó esta norma fue la introducción *ex novo* de la previsión contenida en el tercer párrafo (referida a las indemnizaciones acordadas ante el SMAC, aunque se trata de una reforma meramente aclaratoria, pues con carácter previo la Administración tributaria y los tribunales ya venían manteniendo esa misma interpretación). El resto de los cambios fueron de carácter técnico o menor y no afectaron al sentido del precepto: se introdujo la referencia específica a la norma que aprobó el actual ET y se sustituyó la previa referencia a los «*supuestos de despidos colectivos realizados de conformidad con lo dispuesto en el artículo 51 del Estatuto de los Trabajadores, o producidos por las causas previstas en la letra c) del artículo 52 del citado Estatuto*» por la mención de los «*supuestos de despidos colectivos realizados, o cuando se extinga el contrato en el supuesto de la letra c) del artículo 52*».

Antes de nada, conviene resaltar que la exención en caso de despido improcedente exige que la **improcedencia se reconozca en el acto de conciliación ante el SMAC o por medio de resolución judicial**. En ese sentido, la Dirección General de Tributos ha indicado que la redacción de dicho artículo 7.e) de la LIRPF «*anteriormente en vigor, fue establecida por el apartado uno de la disposición final undécima de la Ley 3/2012, de 6 de julio, de medidas urgentes para la reforma del mercado laboral (BOE de 7 de julio de 2012), redacción que se introdujo con efectos desde la entrada en vigor del Real Decreto-ley 3/2012, de 10 de febrero, de medidas urgentes para la reforma del mercado laboral, suprimió el párrafo segundo de la anterior redacción, el cual se refería a la exención de las indemnizaciones por despido cuando el contrato de trabajo se extinguía con anterioridad al acto de conciliación. Por lo que para declarar la exención de las indemnizaciones por despido será necesario que el reconocimiento de la improcedencia del despido se produzca en el acto de conciliación ante el Servicio de Mediación, Arbitraje y*

Conciliación (SMAC) o bien mediante resolución judicial» [consulta vinculante (V0458-23), de 1 de marzo de 2023].

En ese sentido, conviene resaltar que la Ley Orgánica 1/2025, de 2 de enero, con entrada en vigor el 3 de abril de 2025, incorporó de manera expresa en el precepto que «*no tendrán la consideración de indemnizaciones establecidas en virtud de convenio, pacto o contrato, las acordadas en el acto de conciliación ante el Servicio administrativo al que se refiere el artículo 63 de la Ley 36/2011, de 10 de octubre, reguladora de la jurisdicción social»*. Aunque, en puridad y como ya antes de indicó, la introducción de esta previsión a nivel legal tiene un carácter meramente aclaratorio, pues con carácter previo la Administración tributaria y los tribunales ya venían manteniendo esa misma interpretación.

Una vez precisado lo anterior, y centrándonos en las relaciones laborales comunes, puede decirse que la indemnización por despido improcedente quedará **exenta de IRPF con el límite menor de los dos siguientes:**

- La **cuantía establecida con carácter obligatorio en el Estatuto de los Trabajadores** para el despido improcedente, en los términos vistos en el epígrafe anterior, de acuerdo con el artículo 56.1 y la disposición transitoria undécima del ET. Básicamente, para los contratos suscritos a partir de 12 de febrero de 2012, equivaldrá a 33 días de salario por año de servicio, prorrateándose por meses los períodos de tiempo inferiores a un año, hasta un máximo de 24 mensualidades; y, para los contratos formalizados con anterioridad a dicha fecha, el cálculo se hará en dos tramos, según resulta de la disposición transitoria undécima del ET.

- La cantidad de **180.000 euros.**

> **A TENER EN CUENTA.** Este límite de 180.000 euros no será aplicable a las indemnizaciones por despidos o ceses producidos con anterioridad a 1 de agosto de 2014 ni a las indemnizaciones que se produzcan a partir de esa fecha cuando deriven de un expediente de regulación de empleo aprobado, o un despido colectivo en el que se hubiera comunicado la apertura del período de consultas a la autoridad laboral, con anterioridad a 1 de agosto de 2014. Así lo señala la disposición transitoria vigésima segunda de la LIRPF, en su apartado 3.

De cara al cálculo de la indemnización exenta, la Dirección General de Tributos ha reiterado que **los años de servicio serán aquellos que, de no mediar acuerdo, individual o colectivo, se tendrían en consideración para el cálculo de la indemnización.** Es decir, el importe exento habrá de calcularse teniendo en cuenta el número de años de servicio en la empresa en la que se produce el despido y no la antigüedad reconocida en virtud de pacto o contrato, individual o colectivo. Así, por ejemplo, la consulta vinculante de la Dirección General de Tributos (V2833-23), de 19 de octubre de 2023, establecía lo siguiente:

«(...) debe recordarse que una cosa es la antigüedad y otra distinta es el número de años de servicio a los que se refiere el artículo 56.1 del Estatuto de los Trabajadores, como reiteradamente ha señalado el Tribunal Supremo, pudiendo citarse, entre otras, la sentencia de 21 de marzo de 2000 donde se señala de forma expresa que "el tiempo de servicio que debe computarse a efectos del cálculo de la indemnización por despido improcedente guarda relación con el de trabajo realizado, de modo que la antigüedad reconocida fuera de este módulo, solamente incide en el cálculo de la indemnización por despido, cuando fuera así expresamente reconocida por pacto individual o en el orden normativo aplicable".

Debe matizarse que **aún en el caso a que se refiere esta sentencia, que se reconozca con pacto individual o colectivo, o por la normativa aplicable, una determinada antigüedad a efectos de indemnización por despido, la exención sólo alcanzaría al número de años de servicio efectivamente prestados al mismo empleador**, no aplicándose la misma al resto de la indemnización».

Por otra parte, en los supuestos en los que exista un **grupo de empresas** desde el punto de vista laboral, la Dirección General sigue un criterio análogo al acogido en dicho orden. En el ámbito de las relaciones laborales, el Tribunal Supremo ha configurado la doctrina de los grupos de empresas en torno a una serie de requisitos (acúdase, por ejemplo, a la sentencia del Tribunal Supremo n.º 798/2019, de 21 de noviembre, ECLI:ES:TS:2019:4297), considerando que, en el seno de los mismos, existiría un único empleador. En consecuencia, cuando exista tal figura, **el número de años de servicio a considerar serán los trabajados para el grupo, en cuanto empleador**, por lo que la cuantía de la indemnización exenta en el IRPF se calculará teniendo en cuenta esa variable. Así lo reconocen, por ejemplo, las consultas vinculantes de la Dirección General de Tributos (V2833-23), de 19 de octubre de 2023 o (V1656-21), de 31 de mayo de 2021.

Algo similar sucedería en el caso de **sucesión de empresas** conforme al artículo 44 del ET. De acuerdo con la doctrina del Tribunal Supremo, en los casos de subrogación, legal o convencional, en la posición del empresario, para determinar el número de años de servicio ha de **computarse no solo lo trabajado para la nueva empresa, sino también para la antigua**.

Cuando la **indemnización abonada exceda de la cuantía exenta** que resulte de todo lo anterior, ese **exceso estará sujeto y no exento del IRPF**, a cuyos efectos se calificará como **rendimiento del trabajo** conforme al artículo 17.1 de la LIRPF. Ahora bien, de darse los requisitos para ello, el contribuyente podría aplicar la reducción del artículo 18.2 de la LIRPF por rendimientos con período de generación superior a dos años; aunque, eso sí, sin olvidar la regla que señala el artículo 12.2 del RIRPF: en el caso de rendimientos del trabajo procedentes de indemnizaciones por extinción de la relación laboral con un período de generación superior a dos años que se perciban de forma fraccionada, o de rendimientos distintos de los anteriores a los que se refiere la disposición transitoria vigesimoquinta de la LIRPF, solo será aplicable la reducción del 30 % del artículo 18.2 de la LIRPF cuando el cociente resultante de dividir el número de años de generación, computados de fecha a fecha, entre el número de períodos impositivos de fraccionamiento, sea superior a dos.

CUESTIONES

1. ¿Existe indemnización mínima obligatoria a los efectos de la exención del artículo 7.e) de la LIRPF en el caso de despido improcedente de altos directivos o deportistas profesionales?

En los despidos improcedentes de quienes estén sometidos a la relación laboral especial del personal de alta dirección o a la de los deportistas profesionales, la jurisprudencia del Tribunal Supremo considera como indemnizaciones mínimas obligatorias o garantizadas por la normativa legal las previstas en el artículo 11 del Real Decreto 1382/1985, de 1 de agosto, y el artículo 15 del Real Decreto 1006/1985, de 26 de junio, respectivamente. Así resultaría, por ejemplo, de las sentencias del Tribunal Supremo n.º 1528/2019, de 5 de noviembre, ECLI:ES:TS:2019:3678, y de 3 de noviembre de 2011, recurso n.º 415/2008, ECLI:ES:TS:2011:7246.

2. Juanjo, que llevaba trabajando para la misma empresa (en el marco de una relación laboral común) desde el 11 de enero de 2002, fue objeto de un despido disciplinario el 12 de septiembre de 2023. En sede judicial, su despido se ha calificado como improcedente. Se le abona una indemnización por despido de 75.500 euros. Si el salario regulador diario a tomar en cuenta para el cálculo de la indemnización es de 85 euros diarios y se cumplen los requisitos para aplicar la exención del artículo 7.e) de la LIRPF, ¿qué importe de la indemnización por despido quedará exento de IRPF?

Dado que el despido se ha calificado como improcedente y el contrato de trabajo se había suscrito antes del 12 de febrero de 2012, para el cálculo de la indemnización exenta habrá que atender al artículo 56.1 y la disposición transitoria undécima del ET. El cálculo se realizará en dos tramos:

– Primer tramo, por el período del 11/01/2002 al 11/02/2012, que comprendería 10 años y un mes. Los días trabajados para la empresa serían los siguientes: (45 días de salario x 10 años) + (45 días de salario x 1/12 meses) = 450 + 3,75 = 453,75 días.

– Segundo tramo, por el período del 12/02/2012 al 12/09/2023, que comprendería 11 años y 7 meses. Los días trabajados para la empresa serían los siguientes: (33 días de salario x 11 años) + (33 días de salario x 7/12 meses) = 363 + 19,25 = 382,25 días.

Por lo tanto, los días que se tomarían en cuenta para el cálculo de la indemnización serían, por ambos períodos: 453,75 + 382,25 = 836 días. Sin embargo, el importe indemnizatorio no podrá ser superior a 720 días de salario, salvo que del cálculo de la indemnización por el período anterior al 12 de febrero de 2012 resultase un número de días superior, en cuyo caso se aplicará este como importe indemnizatorio máximo, sin que dicho importe pueda ser superior a 42 mensualidades, en ningún caso.

Por lo tanto, la cuantía de la indemnización por despido improcedente prevista en el ET para este caso será: 720 días x 85 euros = 61.200 euros.

Hasta dicho importe de 61.200 euros, la indemnización percibida por Juanjo quedará exenta del IRPF. El exceso (75.500 - 61.200 = 14.300 euros) quedará sujeto a gravamen, tributando como rendimiento del trabajo (aunque, en su caso, podría aplicarse la reducción del 30 % por rendimiento con período de generación superior a dos años, del artículo 18.2 de la LIRPF).

Tributación en IRPF de los salarios de tramitación

Los salarios de tramitación que, en su caso, perciba el trabajador se considerarán, al igual que los salarios ordinarios, como **rendimientos del trabajo** a los efectos del IRPF y se someterán a gravamen como tales, según resulta del artículo 17.1 de la LIRPF.

Cuando se perciban en virtud de sentencia judicial, se imputarán al **período impositivo en el que adquiera firmeza la sentencia que reconozca el**

derecho a percibirlos; de modo que, si se perciben en un período impositivo posterior a ese, será necesario practicar una autoliquidación complementaria o rectificativa para declararlos, en el plazo que medie entre la fecha en que se perciban y el final del inmediato siguiente plazo de declaraciones por el impuesto [artículo 14.2.b) de la LIRPF].

> **A TENER EN CUENTA.** Tras la implementación efectiva de las autoliquidaciones rectificativas, cuyos primeros modelos se aprobaron a través de la Orden HAC/242/2025, de 13 de marzo (con entrada en vigor el 15 de marzo de 2025), y cuya regulación se contiene en el artículo 67 bis del RIRPF; estas pasaron a constituir la vía general para rectificar, completar o modificar autoliquidaciones ya presentadas en el ámbito del IRPF, salvo cuando la rectificación se base exclusivamente en la alegación razonada de una eventual vulneración por la norma aplicada en la autoliquidación previa de los preceptos de otra norma de rango superior legal, constitucional, de derecho de la UE o de un tratado o convenio internacional. Ahora bien, tal y como señala la AEAT en los Manuales de Renta 2024 y 2025, este nuevo sistema se configura como el procedimiento general de modificación de declaraciones de IRPF correspondientes al período impositivo 2024 y siguientes; pero las modificaciones de declaraciones correspondientes a períodos impositivos anteriores a 2024 se efectuarán de acuerdo con el sistema anterior.

En el caso de que se correspondan con un período temporal superior a dos años, podría resultar de aplicación la **reducción del 30 % prevista en el artículo 18.2 de la LIRPF**.

> **CUESTIÓN**
>
> **¿Qué sucederá en caso de devolución de prestaciones por desempleo por su incompatibilidad con los salarios de tramitación?**
>
> En este supuesto, al que se refiere el artículo 268 de la LGSS, «*su incidencia en el IRPF se produce, por su carácter de indebidas, en la declaración del Impuesto en el que las mismas se hubieran incluido. Por tanto, los ingresos percibidos en su día por tal concepto y que se reintegran minorándolos de los salarios de tramitación procede excluirlos de aquella declaración, al considerarse que no se han obtenido, no habiéndose producido respecto a los mismos el hecho imponible del impuesto: obtención de renta por el contribuyente (artículo 6 de la LIRPF)*» [consultas vinculantes de la Dirección General de Tributos (V0498-21), de 5 de marzo de 2021, y (V0617-20), de 31 de marzo de 2020]. Por lo tanto, la regularización de la situación tributaria (excluyendo los importes indebidamente percibidos y declarados) podrá efectuarse de acuerdo con el artículo 120.3 de la LGT.

4.
LA INDEMNIZACIÓN POR DESPIDO OBJETIVO EN EL IRPF

El despido objetivo en el IRPF del trabajador despedido

Una de las modalidades de extinción del contrato de trabajo, de acuerdo con el artículo 49 del ET, consiste en el despido basado en «*causas objetivas legalmente procedentes*». En este epígrafe veremos en qué supuestos procede este tipo de despido, cuáles son sus principales consecuencias económicas y las implicaciones que podrá tener en el IRPF del trabajador despedido.

‖ ¿Qué es el despido por causas objetivas o «despido objetivo»?

Conforme al artículo 52 del ET, el contrato de trabajo puede extinguirse por las siguientes causas:

- **Ineptitud del trabajador conocida o sobrevenida con posterioridad a su colocación efectiva en la empresa.** La ineptitud existente con anterioridad al cumplimiento de un período de prueba no podrá alegarse con posterioridad a que el mismo se cumpla.

- **Falta de adaptación del trabajador a las modificaciones técnicas operadas en su puesto de trabajo, cuando dichos cambios sean razonables.** Sin embargo, con carácter previo, el empresario tendrá que ofrecer al trabajador un curso para facilitar la adaptación a las modificaciones operadas y la extinción no podrá ser acordada hasta que hayan transcurrido, como mínimo, dos meses desde que se introdujo la modificación o desde que finalizó la formación dirigida a la adaptación.

- Concurrencia de **causas económicas, técnicas, organizativas y de producción cuando la extinción afecte a un número inferior al establecido para el despido colectivo**.

- En el caso de contratos por tiempo indefinido concertados directamente por entidades sin ánimo de lucro para la ejecución de planes y programas públicos determinados, sin dotación económica estable y financiados por las administraciones públicas mediante consignaciones presupuestarias o extrapresupuestarias anuales consecuencia de ingresos externos de carácter finalista, por la **insuficiencia de** la **correspondiente consignación** para el mantenimiento del contrato de trabajo de que se trate. Sin embargo, cando la extinción afecte a un número de trabajadores igual o superior al establecido en el artículo 51.1 del ET se deberá seguir el procedimiento del despido colectivo.

A TENER EN CUENTA. Hasta el 20 de febrero de 2020, este artículo 52 del ET contemplaba otra posible causa objetiva de despido, por faltas de asistencia al trabajo, aun justificadas, pero intermitentes, que alcanzasen determinados porcentajes de la jornada. Sin embargo, desde la fecha indicada dicho supuesto fue derogado por el Real Decreto-ley 4/2020, de 18 de febrero, y la posterior Ley 1/2020, de 15 de julio.

Más allá del oportuno preaviso y de la concesión de una licencia durante el mismo para buscar nuevo empleo, desde el punto de vista económico y a lo que aquí interesa, deberá ponerse a disposición del trabajador (simultáneamente a la entrega de la comunicación escrita en la que se exprese la causa) una indemnización de **20 días por año de servicio**, prorrateándose por meses los períodos de tiempo inferiores a un año y con un **máximo de 12 mensualidades** (artículo 53 del ET). Si la extinción se fundase en el supuesto del tercer punto anterior, con alegación de causa económica y, como consecuencia de tal situación económica no se pudiera poner a disposición del trabajador esa indemnización, el empresario, haciéndolo constar en la comunicación escrita, podrá dejar de hacerlo, sin perjuicio del derecho del trabajador de exigir de aquel su abono cuando tenga efectividad la decisión extintiva.

Cuando el despido por causas objetivas sea declarado nulo, procedente o improcedente por la autoridad judicial, se producirán los **mismos efectos que en el caso del despido disciplinario**, pero con dos **particularidades**:

- En caso de despido **procedente**, el trabajador tendrá **derecho a la indemnización** antes mencionada, consolidándola de haberla recibido, y se entenderá en situación de desempleo por causa a él no imputable.

- Si, por el contrario, el despido se declara **improcedente y el empresario procede a la readmisión**, el trabajador habrá de **reintegrarle la indemnización percibida**. En caso de sustitución de la readmisión por compensación económica, se deducirá de esta el importe de dicha indemnización.

La indemnización por despido objetivo en el IRPF del trabajador despedido

El artículo 7.e) de la LIRPF declara exentas las siguientes rentas:

«e) Las indemnizaciones por despido o cese del trabajador, en la cuantía establecida con carácter obligatorio en el texto refundido de la Ley del Estatuto de los Trabajadores, aprobado por el Real Decreto Legislativo 2/2015, de 23 de octubre, en su normativa de desarrollo o, en su caso, en la normativa reguladora de la ejecución de sentencias, sin que pueda considerarse como tal la establecida en virtud de convenio, pacto o contrato.

Sin perjuicio de lo dispuesto en el párrafo anterior, en los supuestos de despidos colectivos realizados, o cuando **se extinga el contrato en el supuesto de la letra c) del artículo 52** del mismo texto, siempre que, en ambos casos, **se deban a causas económicas, técnicas, organizativas, de producción o por fuerza mayor, quedará exenta la parte de indemnización percibida que no supere los límites establecidos con carácter obligatorio en el mencionado Estatuto para el despido improcedente.**

No tendrán la consideración de indemnizaciones establecidas en virtud de convenio, pacto o contrato, las acordadas en el acto de conciliación ante el Servicio administrativo al que se refiere el artículo 63 de la Ley 36/2011, de 10 de octubre, reguladora de la jurisdicción social.

El importe de la indemnización exenta a que se refiere esta letra tendrá como límite la cantidad de 180.000 euros».

A TENER EN CUENTA. La redacción de la letra e) del artículo 7 de la LIRPF que acaba de reproducirse es la resultante de la modificación operada por la **Ley Orgánica 1/2025, de 2 de enero, con entrada en vigor el 3 de abril de 2025.** El principal cambio que incorporó esta norma fue la introducción ex *novo* de la previsión contenida en el tercer párrafo (referida a las indemnizaciones acordadas ante el SMAC, aunque se trata de una reforma meramente aclaratoria, pues con carácter previo la Administración tributaria y los tribunales ya venían manteniendo esa misma interpretación). El resto de los cambios fueron de carácter técnico o menor y no afectaron al sentido del precepto: se introdujo la referencia específica a la norma que aprobó el actual ET y se sustituyó la previa referencia a los «*supuestos de despidos colectivos realizados de conformidad con lo dispuesto en el artículo 51 del Estatuto de los Trabajadores, o producidos por las causas previstas en la letra c) del artículo 52 del citado Estatuto*» por la mención de los «*supuestos de despidos colectivos realizados, o cuando se extinga el contrato en el supuesto de la letra c) del artículo 52*».

Por lo tanto, en los supuestos de despido por causas objetivas, la exención se aplicará en los siguientes términos (evidentemente, cuando concurran el resto de los requisitos necesarios para que proceda, como la desvinculación de la empresa o la ausencia de mutuo acuerdo):

- Cuando el despido se califique como **procedente**, quedará exenta la parte de la indemnización que no supere la cantidad de **20 días por año de servicio**, prorrateándose por meses los períodos de tiempo inferiores a un año y con un **máximo de 12 mensualidades**.

- En los supuestos en los que el despido se base en la **concurrencia de causas económicas, técnicas, organizativas y de producción cuando la extinción afecte a un número inferior al establecido para el despido colectivo** [caso previsto en el artículo 52.c) del ET], el artículo 7.e) de la LIRPF establece que quedará exenta la parte de la indemnización que no supere los límites establecidos con carácter obligatorio por el ET para el despido improcedente: esto es, los que resulten del artículo 56.1 y la disposición transitoria undécima del ET. Básicamente, para los contratos suscritos a partir de 12 de febrero de 2012, la cantidad de **33 días de salario por año de servicio**, prorrateándose por meses los períodos de tiempo inferiores a un año, hasta un **máximo de 24 mensualidades**; y, para los formalizados con anterioridad a dicha fecha, el cálculo se hará en dos tramos, según resulta de la disposición transitoria undécima del ET.

- Lo mismo sucederá, en general, en el caso de despidos objetivos declarados **improcedentes**, donde quedará exenta la parte de la indemnización que no supere los límites que señala el artículo 56.1 y la disposición transitoria undécima del ET.

> **A TENER EN CUENTA**. A la hora de calcular la cuantía de la indemnización exenta habrá que tener presente lo apuntado en el epígrafe correspondiente a la fiscalidad del despido improcedente sobre los años de servicios a considerar y la operativa en caso de grupo de empresa.

Para todos los casos, eso sí, el importe de la indemnización exenta tendrá como **límite la cantidad de 180.000 euros.**

Cuando la indemnización percibida exceda del importe que pueda quedar exento, dicho exceso quedará sujeto y no exento del IRPF. Tributaría como rendimiento del trabajo, aunque, en su caso, podría resultar de aplicación la reducción del 30 % que establece el artículo 18.2 de la LIRPF.

CUESTIÓN

La previsión específica que el artículo 7.e) de la LIRPF recoge en su segundo párrafo [que se refiere, entre otros, al despido objetivo realizado por las causas del artículo 52.c) del ET] fue introducida en dicho precepto por la Ley 27/2009, de 30 de diciembre, resultando de aplicación a los despidos producidos por las causas del artículo 52.c) del ET desde la entrada en vigor del Real Decreto-ley 2/2009, de 6 de marzo (que se produjo el 8 de marzo de 2009). En el caso de despidos anteriores a esa fecha declarados procedentes, ¿cuál sería el importe de la indemnización que quedaría exento?

En el caso de un despido de ese tipo producido antes del 8 de marzo de 2009, para determinar la cuantía exenta de IRPF no habría que acudir a la indemnización establecida por el ET para los despidos improcedentes, sino a la que se prevé como obligatoria para el despido por causas objetivas (20 días por año de servicio, prorrateándose por meses los períodos de tiempo inferiores a un año y con un máximo de 12 mensualidades).

RESOLUCIÓN ADMINISTRATIVA

Consulta vinculante de la Dirección General de Tributos (V1835-25), de 13 de octubre de 2025

Asunto: importe exento en IRPF de la indemnización por despido objetivo por causas organizativas conforme al artículo 52.c) del ET.

«(...) la indemnización satisfecha al consultante, en el ámbito de un despido individual por causas objetivas al amparo del artículo 52 c) del ET, estará exenta del Impuesto con el límite del menor de:

- la cuantía establecida con carácter obligatorio en el Estatuto de los Trabajadores para el despido improcedente (33 días por año de servicio con un máximo de veinticuatro mensualidades, según la nueva redacción del artículo 56.1 del ET, aplicable a los contratos suscritos a partir de 12 de febrero de 2012, y, para contra-

4. LA INDEMNIZACIÓN POR DESPIDO OBJETIVO EN EL IRPF

tos formalizados con anterioridad a 12 de febrero de 2012, los límites previstos en la disposición transitoria undécima del ET).

- la cantidad de 180.000 euros.

Si la indemnización satisfecha excede de la cuantía que resultaría de aplicar los criterios anteriores, el exceso estará sujeto y no exento, calificándose como rendimiento del trabajo, pudiendo resultar de aplicación del porcentaje de reducción del 30 por 100 previsto en el artículo 18.2 de la LIRPF».

Tipo de despido objetivo (posterior al 08/03/2009)		Indemnización exenta
Supuesto del art. 52.c) del ET (causas económicas, técnicas, organizativas y de producción cuando la extinción afecte a un número inferior al establecido para el despido colectivo)		Contratos suscritos a partir de 12/02/2012 (art. 56.1 del ET): **33 días de salario por año de servicio**, hasta un máximo de **24 mensualidades**. Contratos formalizados antes 12/02/2012 (DT 11.ª del ET) Dos tramos: • Período anterior al 12/02/2012: **45 días de salario por año de servicio por el tiempo de prestación de servicios anterior a dicha fecha.** • Período posterior al 12/02/2012: **33 días de salario por año de servicio por el tiempo de prestación de servicios posterior a la fecha** indicada. **No podrá ser superior a 720 días de salario**, salvo que el cálculo de la indemnización por el período anterior al 12/02/2012 resultase un número de días superior, en cuyo caso se aplicará este como importe indemnizatorio máximo, sin que dicho importe pueda ser superior a **42 mensualidades**, en ningún caso.
Resto de supuestos	**Procedente**	**20 días por año de servicio**, con un máximo de **12 mensualidades**.
	Improcedente	Igual que para el supuesto del art. 52.c) del ET, distinguiéndose: • Contratos suscritos a partir de 12/02/2012 (art. 56.1 del ET). • Contratos formalizados antes 12/02/2012 (dos tramos conforme a la DT 11.ª del ET).

5.
LA INDEMNIZACIÓN POR DESPIDO COLECTIVO EN EL IRPF

El despido colectivo en el IRPF

El despido colectivo es una **modalidad de extinción del contrato de trabajo** que se define en base a dos parámetros básicos: tendrá que producirse por determinadas causas (económicas, técnicas, organizativas o de producción) y que afectar a cierto número de trabajadores en un período temporal de 90 días. También se conoce con frecuencia con el nombre de **ERE (Expediente de Regulación de Empleo) extintivo**.

Al igual que sucedía con los despidos disciplinarios y objetivos, cuando el trabajador por cuenta ajena se vea inmerso en este tipo de procedimientos, conviene que tenga claras las consecuencias que para él pueden derivarse a nivel fiscal. Aunque, como punto de partida, quizás convenga aclarar qué es un despido colectivo y en qué se diferencia de otros tipos de despido.

|| ¿Qué es un despido colectivo y qué indemnización le corresponde?

El despido colectivo, siguiendo el artículo 51 del ET, consiste en la extinción de contratos de trabajo fundada en causas económicas, técnicas, organizativas o de producción cuando, en un período de **90 días**, la extinción afecte al menos a:

- 10 trabajadores, en las empresas que ocupen menos de 100 trabajadores.
- El 10 % del número de trabajadores de la empresa en aquellas que ocupen entre 100 y 300 trabajadores.
- 30 trabajadores en las empresas que ocupen más de 300 trabajadores.

A estos efectos, se entiende que concurren:

- **Causas económicas**, cuando de los resultados de la empresa se desprenda una situación económica negativa, en casos tales como la existencia de pérdidas actuales o previstas, o la disminución persistente de su nivel de ingresos ordinarios o ventas. En todo caso, se entenderá que la disminución es persistente si durante tres trimestres consecutivos el nivel de ingresos ordinarios o ventas de cada trimestre es inferior al registrado en el mismo trimestre del año anterior.

- **Causas técnicas**, cuando se produzcan cambios, entre otros, en el ámbito de los medios o instrumentos de producción.

- **Causas organizativas**, cuando se produzcan cambios, entre otros, en el ámbito de los sistemas y métodos de trabajo del personal o en el modo de organizar la producción.

- **Causas productivas**, cuando se produzcan cambios, entre otros, en la demanda de los productos o servicios que la empresa pretende colocar en el mercado.

Por lo demás, también se considerará como despido colectivo la extinción de los contratos de trabajo que **afecten a la totalidad de la plantilla** de la empresa, siempre que el número de trabajadores afectados sea superior a cinco, cuando aquel se produzca como consecuencia de la cesación total de su actividad empresarial fundada en las mismas causas señaladas.

> **A TENER EN CUENTA**. Para el cómputo del número de extinciones de contratos también se tendrán en cuenta cualesquiera otras producidas en el período de referencia por iniciativa del empresario en virtud de otros motivos no inherentes a la persona del trabajador distintos de la expiración del tiempo convenido, siempre que su número sea, al menos, de cinco.

En aquellos supuestos en los que, en períodos sucesivos de 90 días y con el objeto de eludir las previsiones contenidas en este artículo, la empresa realice extinciones de contratos al amparo de lo dispuesto en el artículo 52.c) del ET en un número inferior a los umbrales mencionados, y sin que concurran causas nuevas que justifiquen tal actuación, dichas nuevas extinciones se considerarán efectuadas en fraude de ley, y serán declaradas nulas y sin efecto.

En cuanto a su tramitación, el despido colectivo tendrá que ir precedido de un período de consultas con los representantes legales de los trabajadores, con las duraciones y demás requisitos que contempla la normativa laboral, así como de otras formalidades. Sin embargo, a fin de no extendernos demasiado, nos limitaremos a analizar el extremo que aquí nos interesa: la indemnización mínima que, en su caso, corresponderá al trabajador que sea objeto de este despido.

Pues bien, la indemnización por despido colectivo será el equivalente a la correspondiente cuando se produce por causas objetivas. Por lo tanto, salvo pacto individual o colectivo que fije un importe superior, de conformidad con el artículo 53.1.b) del ET corresponderá una indemnización de **20 días por año de servicio**, prorrateándose por meses los períodos de tiempo inferiores a un año y con un **máximo de 12 mensualidades**.

CUESTIÓN

¿Cuál es la diferencia entre un ERE y un ERTE?

En ambos casos, se trata de métodos por los que las empresas pueden realizar ajustes en sus respectivas plantillas, aunque podrían destacarse las siguientes diferencias básicas entre las dos figuras:

— El ERTE se regula en el artículo 47 del ET y el ERE en el artículo 51 del ET.

- El ERE está sujeto a la realización de un número determinado de extinciones contractuales, en un espacio temporal concreto. El ERTE es aplicable cualquiera que sea el número de trabajadores afectados por la suspensión o reducción.

- El ERE o despido colectivo se aplica ante un cese de actividad en la empresa, departamento o sección, con el fin de disminuir el número total de personas trabajadoras y suele ser selectivo. El ERTE, por lo general, se aplica a toda una plantilla o a toda una sección determinada de una empresa, sin generar despidos o situaciones de desempleo definitivas.

- En caso de ERE por despido colectivo, el empresario, simultáneamente a la adopción de la decisión extintiva, deberá abonar (salvo pacto individual o colectivo que fije una cuantía superior) a los trabajadores afectados, una indemnización de 20 días de salario por año de servicio, prorrateándose por meses los períodos de tiempo inferiores a un año, con un máximo de doce mensualidades (artículo 51 del ET). Los ERTE no originan indemnización.

- El ERTE, siempre que se cumplan los requisitos exigidos, con carácter general, supone el derecho a prestación por desempleo de forma parcial en función a la parte de la jornada reducida o suspendida. El ERE extintivo, también con carácter general, origina una prestación por desempleo de forma completa.

- El ERTE es siempre temporal y el ERE definitivo.

¿Qué indemnización queda exenta de IRPF en caso de despido colectivo?

El artículo 7.e) de la LIRPF, que recoge la exención en IRPF de las indemnizaciones por despido o cese en determinados términos, se refiere de manera expresa a los supuestos de despido colectivo. Así, establece que estarán exentas las siguientes rentas:

«e) Las indemnizaciones por despido o cese del trabajador, en la cuantía establecida con carácter obligatorio en el texto refundido de la Ley del Estatuto de los Trabajadores, aprobado por el Real Decreto Legislativo 2/2015, de 23 de octubre, en su normativa de desarrollo o, en su caso, en la normativa reguladora de la ejecución de sentencias, sin que pueda considerarse como tal la establecida en virtud de convenio, pacto o contrato.

Sin perjuicio de lo dispuesto en el párrafo anterior, **en los supuestos de despidos colectivos** realizados, o cuando se extinga el contrato en el supuesto de la letra c) del artículo 52 del mismo texto, siempre que, en ambos casos, **se deban a causas económicas, técnicas, organizativas, de producción o por fuerza mayor, quedará exenta la parte de indemnización percibida que no supere los límites establecidos con carácter obligatorio en el mencionado Estatuto para el despido improcedente**.

No tendrán la consideración de indemnizaciones establecidas en virtud de convenio, pacto o contrato, las acordadas en el acto de conciliación ante el Servicio administrativo al que se refiere el artículo 63 de la Ley 36/2011, de 10 de octubre, reguladora de la jurisdicción social.

El importe de la indemnización exenta a que se refiere esta letra tendrá como límite la cantidad de 180.000 euros».

A TENER EN CUENTA. La redacción de la letra e) del artículo 7 de la LIRPF que acaba de reproducirse es la resultante de la modificación operada por la **Ley Orgánica 1/2025, de 2 de enero, con entrada en vigor el 3 de abril de 2025.** El principal cambio que incorporó esta norma fue la introducción *ex novo* de la previsión contenida en el tercer párrafo (referida a las indemnizaciones acordadas ante el SMAC, aunque se trata de una reforma meramente aclaratoria, pues con carácter previo la Administración tributaria y los tribunales ya venían manteniendo esa misma interpretación). El resto de los cambios fueron de carácter técnico o menor y no afectaron al sentido del precepto: se introdujo la referencia específica a la norma que aprobó el actual ET y se sustituyó la previa referencia a los *«supuestos de despidos colectivos realizados de conformidad con lo dispuesto en el artículo 51 del Estatuto de los Trabajadores, o producidos por las causas previstas en la letra c) del artículo 52 del citado Estatuto»* por la mención de los *«supuestos de despidos colectivos realizados, o cuando se extinga el contrato en el supuesto de la letra c) del artículo 52»*.

Por lo tanto, la tributación de la indemnización obtenida por un despido colectivo adoptado conforme al artículo 51 del ET y derivado de causas económicas, técnicas, organizativas, de producción o fuerza mayor gozará de un tratamiento fiscal análogo al visto para los despidos improcedentes en el marco del ET. La indemnización percibida quedará **exenta de IRPF con el límite menor de los dos siguientes**:

- La **cuantía establecida con carácter obligatorio en el Estatuto de los Trabajadores para el despido improcedente, de acuerdo con el artículo 56.1 y la disposición transitoria undécima del ET**. A modo de resumen, puede decirse que, para los contratos suscritos a partir de 12 de febrero de 2012, será la indemnización equivalente a 33 días de salario por año de servicio, prorrateándose por meses los períodos de tiempo inferiores a un año, hasta un máximo de 24 mensualidades; y, para los formalizados con anterioridad a dicha fecha, el cálculo se hará en dos tramos, conforme a la disposición transitoria undécima del ET. En esa medida, y al igual que ocurría con los despidos objetivos por causas económicas, técnicas, organizativas, de producción o por fuerza mayor, el importe de indemnización exento es distinto del que el ET establece como obligatorio para esa concreta modalidad de despido.

- El importe de **180.000 euros**, que actúa como límite de la indemnización exenta a tenor del artículo 7.e) de la LIRPF.

A TENER EN CUENTA. Este límite de 180.000 euros no será aplicable a las indemnizaciones por despidos o ceses producidos con anterioridad a 1 de agosto de 2014 ni a las indemnizaciones que se produzcan a partir de esa fecha cuando deriven de un expediente de regulación de empleo aprobado, o un despido colectivo en el que se hubiera comunicado la apertura del período de consultas a la autoridad laboral, con anterioridad a 1 de agosto de 2014. Así lo señala la disposición transitoria vigésima segunda de la LIRPF, en su apartado 3.

En lo relativo al resto de pormenores para la aplicación de la exención, nos remitimos a lo señalado al tratar la fiscalidad de las indemnizaciones por despido improcedente. Únicamente recordaremos a tal respecto que, en el supuesto de que la indemnización obtenida exceda de la cuantía exenta, **el exceso quedará sujeto y no exento del IRPF**; se calificará como **rendimiento del trabajo** conforme al artículo 17.1 de la LIRPF y, en su caso, podrá resultar de aplicación la reducción del 30 % establecida en el artículo 18.3 de la LIRPF.

CUESTIONES

1. ¿Existe algún régimen transitorio específico para las indemnizaciones por despido o cese derivadas de ERE en tramitación o con vigencia en su aplicación a 12 de febrero de 2012?

Sí, de acuerdo con el apartado 2 de la disposición transitoria vigésima segunda de la LIRPF, «*las indemnizaciones por despido o cese consecuencia de los expedientes de regulación de empleo a que se refiere la disposición transitoria décima de la Ley, de medidas urgentes para la reforma del mercado laboral, aprobados por la autoridad competente a partir de 8 de marzo de 2009, estarán exentas en la cuantía que no supere cuarenta y cinco días de salario, por año de servicio, prorrateándose por meses los periodos de tiempo inferiores a un año hasta un máximo de cuarenta y dos mensualidades*». La disposición transitoria décima a que se remite este precepto es la de la Ley 3/2012, de 6 de julio, referida al régimen transitorio aplicable a los ERE en tramitación o con vigencia en su aplicación a 12 de febrero de 2012, ha quedado derogada por el Real Decreto Legislativo 2/2015, de 23 de octubre, que recoge su contenido en su propia disposición transitoria décima.

2. ¿Y si el ERE se hubiese aprobado antes del 8 de marzo de 2009?

En este caso, conviene tener en cuenta que la previsión específica que el artículo 7.e) de la LIRPF recoge en su segundo párrafo (que se refiere, entre otros, al despido colectivo realizado conforme al artículo 51 del ET) fue introducida en dicho precepto por la Ley 27/2009, de 30 de diciembre, resultando de aplicación a los despidos derivados de los expedientes de regulación de empleo aprobados a partir de la entrada en vigor del Real Decreto-ley 2/2009, de 6 de marzo (que se produjo el 8 de marzo de 2009), así como a los despidos producidos por las causas previstas en el artículo 52.c) del ET desde esta misma fecha.

Por lo tanto, en el caso de un ERE aprobado antes del 8 de marzo de 2009, para determinar la cuantía de la indemnización exenta no habría que acudir siempre a la fijada para los despidos improcedentes en cada momento, sino que, en el caso de los procedentes, se aplicaría la prevista como mínima para tal tipo de despidos (20 días por año de servicio, prorrateándose por meses los períodos de tiempo inferiores a un año y con un máximo de 12 mensualidades).

RESOLUCIÓN ADMINISTRATIVA

Consulta vinculante de la Dirección General de Tributos (V1609-25), de 15 de septiembre de 2025

Asunto: aplicación de la exención del artículo 7.e) de la LIRPF en caso de indemnización por despido colectivo, con especial referencia al supuesto en que se fraccione en varios períodos impositivos.

«*En consecuencia, la indemnización satisfecha por la consultante en el ámbito del despido colectivo estará exenta del Impuesto con el límite del menor de:*

- la cuantía establecida con carácter obligatorio en el Estatuto de los Trabajadores para el despido improcedente (33 días por año de servicio con un máximo de veinticuatro mensualidades, según la nueva redacción del artículo 56.1 del Estatuto de los Trabajadores, aplicable a los contratos suscritos a partir de 12 de febrero de

2012, y, para contratos formalizados con anterioridad a 12 de febrero de 2012, los límites previstos en la disposición transitoria undécima del ET).

- la cantidad de 180.000 euros.

Si la indemnización satisfecha excede de la cuantía que resultaría de aplicar los criterios anteriores, el exceso estará sujeto y no exento, calificándose como rendimiento del trabajo y, por tanto, sujeto a retención de acuerdo con el artículo 99 de la LIRPF, pudiendo resultar de aplicación del porcentaje de reducción del 30 por 100 previsto en el artículo 18.2 de la LIRPF (...)

(...)

Cuando la indemnización se fraccione en dos o más períodos impositivos, quedará sometida a tributación efectiva por el Impuesto a partir del momento en que su importe acumulado supere el montante que goza de exención en virtud de lo previsto en el artículo 7.e) de la LIRPF. Una vez superada dicha magnitud, sólo podrá aplicarse la reducción del 30 por 100, de acuerdo con lo establecido en el artículo 12.2 del Reglamento del Impuesto, si el cociente resultante de dividir el período de generación (determinado por los años de servicios en la empresa, contados de fecha a fecha), por el número de períodos impositivos de fraccionamiento, fuera superior a dos.

A estos efectos, deberán tenerse en cuenta, como períodos impositivos de fraccionamiento, todos aquellos en los que se perciba la indemnización, incluidos los ejercicios en los que la indemnización esté exenta. En cada uno de los períodos impositivos de fraccionamiento, la cuantía del rendimiento íntegro sobre la que se aplicará la citada reducción no podrá superar el importe de 300.000 euros. Asimismo, en caso de resultar aplicable, se deberá tener en cuenta, igualmente, el límite que se establece para el supuesto de extinción de relaciones laborales o mercantiles en las que el importe de los rendimientos del trabajo derivados de la extinción supere los 700.000 euros».

6.
SUPUESTOS PARTICULARES DE INDEMNIZACIÓN POR EXTINCIÓN DE LA RELACIÓN LABORAL Y SU TRATAMIENTO EN IRPF

Algunos supuestos particulares de indemnización por extinción de la relación laboral y sus implicaciones fiscales básicas

En determinados supuestos, las indemnizaciones por extinción del contrato de trabajo presentan ciertas características que conllevan especialidades en su tratamiento fiscal. Algunos de los más paradigmáticos podrían ser los siguientes:

- Indemnizaciones de importe superior a 700.000 euros.
- Indemnizaciones con pago fraccionado.
- Indemnizaciones percibidas por altos directivos.
- Indemnizaciones por traslado.
- Otras, como podrían ser la indemnización sustitutoria del preaviso o las procedentes en ciertos casos de extinción de la relación laboral común o de determinadas relaciones laborales especiales (como la de los deportistas profesionales).

En los epígrafes siguientes nos limitaremos a analizar las particularidades más destacadas que cada una de estas indemnizaciones presenta.

6.1. Las indemnizaciones por cese o despido superiores a 700.000 euros

Tratamiento en IRPF de la indemnización por cese o despido de más de 700.000 euros

Las indemnizaciones por despido o cese cuya cuantía exceda de 700.000 euros presentan particularidades a la hora de aplicar la reducción del 30 %

que el artículo 18.2 de la LIRPF establece para los rendimientos íntegros del trabajo distintos de los contenidos en el artículo 17.2.a) de la LIRPF, que tengan un período de generación superior a dos años o se califiquen como obtenidos de forma notoriamente irregular en el tiempo. En concreto, por lo que se refiere a la **cuantía máxima sobre la que se podrá aplicar la reducción**.

Y es que, no en vano, como regla general, el precepto establece que la cuantía del rendimiento íntegro sobre la que se aplicará la reducción no podrá superar el importe de 300.000 euros anuales. Sin embargo, y sin perjuicio de ese límite general, también se contemplan una serie de máximos específicos para los **rendimientos del trabajo que deriven de la extinción de la relación laboral (común o especial) o de la relación mercantil a que se refiere el artículo 17.2.e) de la LIRPF** (administradores y miembros de los consejos de administración, de las juntas que hagan sus veces y demás miembros de otros órganos representativos), o de ambas:

- Si el importe de tales rendimientos del trabajo está comprendido **entre 700.000,01 euros y 1.000.000 de euros**, la cuantía del rendimiento sobre la que se aplicará la reducción no podrá superar el **importe que resulte de minorar 300.000 euros en la diferencia entre la cuantía del rendimiento y 700.000 euros**.

- Cuando la cuantía de tales rendimientos fuera **igual o superior a 1.000.000 de euros**, la cuantía de los rendimientos sobre la que se aplicará la reducción del 30 % será **cero**.

A estos efectos, la cuantía total del rendimiento del trabajo a computar vendrá determinada por la suma aritmética de los rendimientos del trabajo anteriormente indicados procedentes de la propia empresa o de otras empresas del grupo de sociedades en las que concurran las circunstancias previstas en el artículo 42 del Código de Comercio, con independencia del período impositivo al que se impute cada rendimiento.

A TENER EN CUENTA. Este límite de la reducción establecido para la extinción de relaciones laborales o mercantiles no se aplicará a los rendimientos del trabajo que deriven de extinciones producidas con anterioridad a 1 de enero de 2013, según indica la disposición transitoria vigésima quinta de la LIRPF en su primer apartado.

6.2. Las indemnizaciones con pago fraccionado

Aplicación de la exención en IRPF cuando la indemnización por despido se fracciona

Existen una serie de supuestos en los que es posible que el cobro de las indemnizaciones por despido o cese laboral se produzca de manera fraccionada.

En concreto, esta forma de pago puede darse en el marco de despidos objetivos individuales o despidos colectivos que respondan a causas económicas.

Pues bien, en el caso de que la indemnización por despido o cese se perciba de manera fraccionada o a plazos, también podrá aplicarse la exención prevista en el artículo 7.e) de la LIRPF. Cuando concurran los requisitos necesarios para la exención, quedará excluido de gravamen el importe que en cada caso corresponda en función del tipo de despido y de su calificación (y, siempre, como máximo, la cantidad de 180.000 euros). Tales requisitos e importes fueron ya objeto de estudio detallado en los epígrafes anteriores, a los que nos remitimos.

Así las cosas, la indemnización por despido con pago fraccionado **quedará efectivamente sometida a tributación en el IRPF a partir del momento en el que su importe acumulado supere la cuantía que goce de exención** conforme al artículo 7.e) de la LIRPF. Es decir, la exención se aplicará a los primeros rendimientos que resulten exigibles y, cuando se supere el montante exento, el exceso quedará sujeto y no exento del impuesto.

> **A TENER EN CUENTA.** Cuando la indemnización se cobre de manera fraccionada en distintos períodos impositivos, se imputará temporalmente a medida que sus importes sean exigibles para el perceptor, de acuerdo con lo previsto en el artículo 14.1.a) de la LIRPF.

El exceso no exento tributará en el impuesto con la consideración de **rendimiento del trabajo**, de conformidad con el artículo 17.1 de la LIRPF, pudiendo resultar de aplicación la **reducción del 30 % del artículo 18.2 de la LIRPF** por rendimientos con período de generación superior a dos años. Como regla general, para la reducción se exige que los rendimientos se imputen en un único período impositivo; sin embargo, cuando se trate de los derivados de la extinción de una relación laboral, el precepto recoge una particularidad:

«1. Como regla general, los rendimientos íntegros se computarán en su totalidad, salvo que les resulte de aplicación alguno de los porcentajes de reducción a los que se refieren los apartados siguientes. Dichos porcentajes no resultarán de aplicación cuando la prestación se perciba en forma de renta.

2. El 30 por ciento de reducción, en el caso de rendimientos íntegros distintos de los previstos en el artículo 17.2. a) de esta Ley que tengan un período de generación superior a dos años, así como aquellos que se califiquen reglamentariamente como obtenidos de forma notoriamente irregular en el tiempo, cuando, en ambos casos, sin perjuicio de lo dispuesto en el párrafo siguiente, se imputen en un único período impositivo.

Tratándose de rendimientos derivados de la extinción de una relación laboral, común o especial, se considerará como período de generación el número de años de servicio del trabajador. En caso de que estos rendimientos **se cobren de forma fraccionada, el cómputo del período de generación deberá tener en cuenta el número de años de fraccionamiento,** en los términos que reglamentariamente se establezcan. Estos rendimientos no se tendrán en cuenta a efectos de lo establecido en el párrafo siguiente.

No obstante, esta reducción no resultará de aplicación a los rendimientos que tengan un período de generación superior a dos años cuando, en el plazo de los cinco períodos impositivos anteriores a aquél en el que resulten exigibles, el contribuyente hubiera obtenido otros rendimientos con período de generación superior a dos años, a los que hubiera aplicado la reducción prevista en este apartado.

La cuantía del rendimiento íntegro a que se refiere este apartado sobre la que se aplicará la citada reducción no podrá superar el importe de 300.000 euros anuales.

Sin perjuicio del límite previsto en el párrafo anterior, en el caso de rendimientos del trabajo cuya cuantía esté comprendida entre 700.000,01 euros y 1.000.000 de euros y deriven de la extinción de la relación laboral, común o especial, o de la relación mercantil a que se refiere el artículo 17.2 e) de esta Ley, o de ambas, la cuantía del rendimiento sobre la que se aplicará la reducción no podrá superar el importe que resulte de minorar 300.000 euros en la diferencia entre la cuantía del rendimiento y 700.000 euros.

Cuando la cuantía de tales rendimientos fuera igual o superior a 1.000.000 de euros, la cuantía de los rendimientos sobre la que se aplicará la reducción del 30 por ciento será cero.

(...)».

En desarrollo de esa previsión, el artículo 12.2 del RIRPF señala que, tratándose de rendimientos del trabajo procedentes de indemnizaciones por extinción de la relación laboral con un período de generación superior a dos años que se perciban de forma fraccionada, o de rendimientos distintos de los anteriores a los que se refiere la disposición transitoria vigesimoquinta de la LIRPF, solo será aplicable la reducción del 30 % del artículo 18.2 de la LIRPF, en caso de que el **cociente resultante de dividir el número de años de generación, computados de fecha a fecha, entre el número de períodos impositivos de fraccionamiento, sea superior a dos**.

Por lo tanto, el exceso no exento solo podrá beneficiarse de dicha reducción cuando el cociente resultante de dividir el período de generación (determinado por los años de servicios en la empresa, contados de fecha a fecha), por el número de períodos impositivos de fraccionamiento, fuera superior a dos. A estos efectos, **deberán tenerse en cuenta, como períodos impositivos de fraccionamiento, todos aquellos en los que se perciba la indemnización, incluidos los ejercicios en los que la indemnización esté exenta**. Por lo demás, y en cada uno de los períodos impositivos de fraccionamiento, la cuantía del rendimiento íntegro sobre la que se aplicará la citada reducción no podrá superar el importe de 300.000 euros. Asimismo, cuando proceda la reducción, también habrá que tener en cuenta el límite que se establece para el supuesto de extinción de relaciones laborales o mercantiles en las que el importe de los rendimientos del trabajo derivados de la extinción supere los 700.000 euros. En ese sentido, puede acudirse, por ejemplo, a las consultas vinculantes de la DGT (V1609-25), de 15 de septiembre de 2025, o (V1615-24), de 3 de julio de 2024.

CUESTIONES

1. Un trabajador ha percibido una indemnización por despido de 195.000 euros, coincidente con el mínimo obligatorio fijado por el ET a efectos de la exención en IRPF, fraccionada en cuatro años (97.500 euros en 2022, 35.000 euros en 2023, 32.500 euros en 2024 y 30.000 euros en 2025). Tenía una antigüedad en la empresa de 17,5 años. ¿Está exenta de IRPF toda la indemnización? En caso de que alguna parte no quede exenta, ¿podría aplicarse la reducción del 30 % del artículo 18.2 de la LIRPF?

Según se indica, la indemnización de 195.000 euros sería coincidente con la legalmente establecida para ese supuesto en el ET a efectos de la exención en IRPF, por lo que, en principio y de darse los demás requisitos, podrá quedar exenta hasta el límite de 180.000 euros que fija como máximo el artículo 7.e) de la LIRPF.

El exceso no exento (los 15.000 euros restantes) tributaría como rendimiento del trabajo en el IRPF del trabajador despedido. Con todo, cabría la reducción por rendimientos con período de generación superior a dos años del artículo 18.2 de la LIRPF, en la medida en que se cumple el requisito que indica el artículo 12.2 del RIRPF: el cociente resultante de dividir el número de años de generación, computados de fecha a fecha, entre el número de períodos impositivos de fraccionamiento, es superior a dos. No en vano: número de años de generación / número de períodos impositivos de fraccionamiento = 17,5 / 4 = 4,38.

Por lo tanto, los rendimientos se imputarían del siguiente modo:

- 2022: 97.500 euros exentos.
- 2023: 35.000 euros exentos.
- 2024: 32.500 euros exentos.
- 2025: 15.000 euros exentos y 15.000 euros sujetos y no exentos, sobre los que podrá aplicarse una reducción del 30 % (4.500 euros).

2. Si en el supuesto anterior la indemnización se percibiera a lo largo de 10 años, a razón de 19.500 euros cada año, ¿podría aplicarse la reducción?

En este caso, no cabría la reducción, en la medida en que no se cumple el requisito que señala el artículo 12.2 del RIRPF. El cociente resultante de dividir el número de años de generación, computados de fecha a fecha, entre el número de períodos impositivos de fraccionamiento, no es superior a dos: número de años de generación / número de períodos impositivos de fraccionamiento = 17,5 / 10 = 1,75.

Por lo tanto, en los nueve primeros años, el trabajador se imputaría 19.500 euros exentos en cada uno de ellos. En el décimo, se imputaría 4.500 euros exentos y 15.000 euros sujetos y no exentos, sin posibilidad de aplicar la reducción del 30 % que prevé el artículo 18.2 de la LIRPF.

RESOLUCIÓN RELEVANTE

Sentencia del Tribunal Supremo n.° 395/2016, de 10 de mayo, ECLI:ES:TS:2016:3024

Asunto: validez del pacto colectivo que acuerda el fraccionamiento del pago de la indemnización por despido en el marco de un despido colectivo por causas económicas.

«El artículo 53-1-b) del E.T ., norma cuya infracción se alega en relación con lo dispuesto en el artículo 3-5 del mismo texto legal, establece que el empresario «debe poner a disposición del trabajador, simultáneamente a la entrega de la comunicación escrita, la indemnización de veinte días por año de servicio, prorrateándose

por meses los períodos de tiempo inferiores a un año y con un máximo de doce mensualidades. Cuando la decisión extintiva se fundare en el artículo 52, c), de esta Ley, con alegación de causa económica, y como consecuencia de tal situación económica no se pudiera poner a disposición del trabajador la indemnización a que se refiere el párrafo anterior, el empresario, haciéndolo constar en la comunicación escrita, podrá dejar de hacerlo, sin perjuicio del derecho del trabajador de exigir de aquél su abono cuando tenga efectividad la decisión extintiva».

Vista la redacción del precepto que admite la posibilidad de que por razones económicas el pago de la indemnización por la extinción del contrato se pueda aplazar, sin perjuicio del derecho del trabajador a exigir su abono, cabe concluir que la exigencia de simultanear la comunicación del cese con la puesta a disposición de la indemnización legal mínima no es de derecho necesario, sino que admite excepciones por razones económicas, como la falta de liquidez para atender a todos los pagos exigibles en ese momento, so pena de poner en peligro la viabilidad de la empresa que es lo que la norma trata de evitar, sin perjuicio del derecho del trabajador a reclamar el pago de lo que se le adeuda.

Sentado lo anterior, el problema de si en la negociación colectiva, previa a un despido colectivo por causas económicas, se puede convenir un fraccionamiento, o aplazamiento, del pago de las indemnizaciones adeudadas por las extinciones contractuales que se acuerdan, debe tener una respuesta positiva, por cuanto, aunque la cuantía mínima de la indemnización que establece la ley no se puede rebajar por ser un mínimos legal, si cabe fraccionar su pago, siempre que el aplazamiento que se convenga no sea desproporcionado. Debe tenerse presente que el derecho a la negociación colectiva, reconocido por el artículo 37 de la Constitución regulado por el artículo 51 del E.T. a efectos de despidos colectivos, quedaría vacío de contenido si en la negociación de unas extinciones contractuales colectivas por razones económicas, los negociadores se vieran privados de una herramienta tan útil en estos casos como es el fraccionamiento de los pagos a realizar.

*Por lo expuesto, **debe distinguirse entre despidos objetivos individuales y colectivos, para admitir en estos últimos la validez de los pactos sobre aplazamiento del pago de las indemnizaciones, salvo que sean abusivos**. En este sentido ya se pronunció esta Sala en su sentencia de 2 de junio de 2014 (Rcud. 2534/2013), donde se señaló que no estábamos ante un derecho de carácter necesario y que en la negociación colectiva se podía acordar el aplazamiento del pago de las indemnizaciones, pacto colectivo con análoga eficacia a lo acordado en convenio colectivo»*

6.3. Las indemnizaciones al personal de alta dirección

¿Quedan exentas de IRPF las indemnizaciones del personal de alta dirección?

El Real Decreto 1382/1985, de 1 de agosto, regula la **relación laboral de carácter especial del personal de alta dirección**. A estos efectos, la propia norma específica que *«se considera personal de alta dirección a* *aquellos trabajadores que ejercitan poderes inherentes a la titularidad jurídica de la Empresa, y relativos a los objetivos generales de la misma, con autonomía y plena responsabilidad sólo limitadas por los criterios e instrucciones directas emanadas de la persona o de los órganos superiores de gobierno y administración de la Entidad que respectivamente ocupe aquella titularidad».*

> **A TENER EN CUENTA**. Se excluye expresamente de su ámbito de aplicación la actividad que delimita el artículo 1.3.c) del ET, esto es, aquella que se limite, pura y simplemente, al mero desempeño del cargo de consejero o miembro de los órganos de administración en las empresas que revistan la forma jurídica de sociedad y siempre que su actividad en la empresa solo comporte la realización de cometidos inherentes a tal cargo.

También quedarán dentro del ámbito de aplicación de este real decreto los máximos responsables y personal directivo a que se refiere el Real Decreto 451/2012, de 5 de marzo, sobre régimen retributivo de los máximos responsables y directivos en el sector público empresarial y otras entidades, que no estén vinculados por una relación mercantil, en aquello que no se oponga al mismo ni al Real Decreto-ley 3/2012, de 10 de febrero.

Entrando ya en lo relativo a la extinción de esta relación laboral especial, como punto de partida conviene tener presente que podrá extinguirse por las causas y mediante los procedimientos previstos en el Estatuto de los Trabajos, aunque con ciertas especialidades que recoge su regulación específica. En ese sentido, y a lo que aquí interesa, cabría destacar:

- El contrato de trabajo podrá extinguirse por **desistimiento del empresario**, comunicado por escrito, con el oportuno preaviso, tal y como recoge el artículo 11.Uno del Real Decreto 1382/1985, de 1 de agosto. En estos casos, el alto directivo tendrá derecho a las indemnizaciones pactadas en el contrato y, a falta de pacto, la indemnización será equivalente a **siete días del salario en metálico por año de servicio con el límite de seis mensualidades**. Asimismo, en los supuestos de incumplimiento total o parcial del preaviso, el alto directivo tendrá derecho a una indemnización equivalente a los salarios correspondientes a la duración del período incumplido.

- Por otra parte, el contrato podrá extinguirse por **decisión del empresario mediante despido basado en el incumplimiento grave y culpable del alto directivo**, en la forma y con los efectos establecidos en el artículo 55 del ET. Si el despido se declarase **improcedente**, a efectos de indemnización se estará a las cuantías que se hubiesen pactado en el contrato, siendo en su defecto de **20 días de salario en metálico por año de servicio y hasta un máximo de 12 mensualidades** (artículo 11.Dos del Real Decreto 1382/1985, de 1 de agosto).

- Asimismo, conforme al artículo 10.Tres del Real Decreto 1382/1985, de 1 de agosto, **el alto directivo podrá extinguir el contrato especial de trabajo** con derecho a las indemnizaciones pactadas y, en su defecto, fijadas en dicha norma para el caso de extinción por desistimiento del empresario, fundándose en las causas siguientes:

» Las modificaciones sustanciales en las condiciones de trabajo que redunden notoriamente en perjuicio de su formación profesional, en menoscabo de su dignidad, o sean decididas con grave transgresión de la buena fe, por parte del empresario.

» La falta de pago o retraso continuado en el abono de salario pactado.

» Cualquier otro incumplimiento grave de sus obligaciones contractuales, por parte del empresario, salvo los presupuestos de fuerza mayor, en los que no procederá el abono de las indemnizaciones mencionadas.

» La sucesión de empresa o cambio importante en la titularidad de la misma, que tenga por efecto una renovación de sus órganos rectores o en el contenido y planteamiento de su actividad principal, siempre que la extinción se produzca dentro de los tres meses siguientes a la producción de tales cambios.

La cuestión clave con respecto a estas indemnizaciones específicas previstas en el marco de la relación laboral especial de alta dirección se plantea en torno a la posibilidad o no de aplicar la **exención del artículo 7.e) de la LIRPF**. En concreto, la duda que puede surgir es la siguiente: ¿las indemnizaciones que, en defecto de pacto, fija el Real Decreto 1382/1985, de 1 de agosto, para los altos directivos, tienen la consideración de mínimas obligatorias a efectos de posibilitar la exención en IRPF?

Han sido la doctrina y la jurisprudencia las que, poco a poco, han ido aclarando este extremo. Así:

• Por lo que se refiere a la **indemnización de siete días del salario en metálico por año de servicio con el límite de seis mensualidades** prevista en el artículo 11.Uno del Real Decreto 1382/1985, de 1 de agosto, para los casos de extinción del contrato por **desistimiento del empresario**, el Tribunal Supremo considera que sí tiene la consideración de mínima obligatoria, por lo que queda exenta de IRPF al amparo del artículo 7.e) de la LIRPF. En ese sentido, las SSTS n.° 805/2025, de 24 de junio, ECLI:ES:TS:2025:2873, y n.° 1528/2019, de 5 de noviembre, ECLI:ES:TS:2019:3678, apuntan lo siguiente:

«A la luz de la a la luz de la doctrina sentada en la sentencia del Pleno de la Sala de lo Social del Tribunal Supremo de 22 de abril de 2014 (casación para la unificación de doctrina 1197/2013; ES:TS:2014:3088), necesariamente se ha de entender que en los supuestos de extinción del contrato de alta dirección por desistimiento del empresario existe el derecho a una indemnización mínima obligatoria de 7 días de salario por año de trabajo, con el límite de seis mensualidades y, por tanto, que esa cuantía de la indemnización **está exenta de tributación en el Impuesto sobre la Renta de las Personas Físicas, al amparo del artículo 7.e)** del texto refundido de la Ley del Impuesto sobre la Renta de las Personas Físicas, aprobado por Real Decreto Legislativo 3/2004, de 5 de marzo».

- En el caso de la **indemnización de 20 días de salario en metálico por año de servicio hasta un máximo de 12 mensualidades**, establecida en el artículo 11.Dos del Real Decreto 1382/1985, de 1 de agosto, para los supuestos de despido **improcedente**, tanto el TEAC como la Audiencia Nacional también admitirían su consideración como importe mínimo obligatorio exento de IRPF.

Así, por ejemplo, la resolución del Tribunal Económico Administrativo-Central n.º 2766/2019, de 25 de febrero de 2022 (con criterio reiterado también en su resolución n.º 7269/2018, de la misma fecha), estableció que, «*en el supuesto de indemnizaciones satisfechas al empleado de alta dirección, que no tengan su origen en el desistimiento del empresario sino en el despido improcedente, y de acuerdo con el criterio de la sentencia de la Audiencia Nacional de 21-10-2021, rec. 684/2019, se reconoce la exención tributaria hasta el importe obligatorio reconocido en la legislación laboral, en este caso de una cantidad equivalente a 20 días de salario por año trabajado con el límite de doce mensualidades (art.11.2 RD 1382/1985)*». De hecho, la sentencia de la Audiencia Nacional de 21 de octubre de 2021, en recurso n.º 684/2021, ECLI:ES:AN:2021:4629, a la que se refiere esa resolución, basaba su conclusión en que «*a juicio de la Sala, concurre identidad de razón para considerar que la indemnización en caso de despido improcedente del empleado de alta dirección tiene carácter de mínima, criterio que, por lo demás, aplican con naturalidad los órganos del orden social de la jurisdicción (vid ad exemplum STSJ de Castilla y León, sede Valladolid, de 22 de diciembre de 2015, recurso núm. 1771/2015, FJ 4). De ahí que el corolario tributario haya de ser la aplicación de la exención dispuesta en el art. 7 e) LIRPF*».

RESOLUCIÓN ADMINISTRATIVA

Resolución del Tribunal Económico-Administrativo Central n.º 2059/2020, de 18 de diciembre de 2023

Asunto: posibilidad de exención en IRPF de la indemnización por cese en caso de administradores que también tienen relación laboral de alta dirección.

«*Debe rechazarse que, sin mayor análisis, la sola invocación de la "teoría del vínculo", sostenga que la relación laboral especial de alta dirección ceda ante la mercantil que une a los Administradores y/o miembros del Consejo de Administración con la sociedad, todo ello de acuerdo con la reciente jurisprudencia de la Sala de lo Contencioso Administrativo del Tribunal Supremo.*

Este TEAC, acogiendo el criterio del Tribunal Supremo en sentencia de 27 de junio de 2023 (recurso de casación 6442/2021) y de 2 de noviembre de 2023 (recurso de casación 3940/2022) , modifica su criterio sentado en la reclamación 00/3759/2013, de 06/11/2013, de modo que no basta con la mera existencia del vínculo mercantil para que, en atención a la prioridad de la relación orgánica, de carácter mercantil, que une a los Administradores y miembros de los Consejos de Administración con la sociedad, se prescinda de la relación laboral de alta dirección y de la posible exención de parte de la indemnización recibida a la que ella pueda conducir.

Asimismo, tampoco puede sostenerse, modificando el criterio de la Resolución 00/7014/2015, de 16 de enero de 2019, que no sea aplicable la jurisprudencia del

TJUE (Sentencias del TJUE, de 11 de noviembre de 2010, Asunto C-232/09, "caso Danosa", y de 9 de julio de 2015, Asunto C-229/14, "caso Balka) que niega que la relación mercantil que une a los miembros de los Consejos de Administración y Administradores con las respectivas sociedades absorba la relación laboral especial de alta dirección.

CAMBIO DE CRITERIO respecto a RG 1471/2020 de 23/11/2021, RG 7014/2015, de 16-01-2019 , RG 3759/2013, de 06/11/2013 y RG 6796/2011 de 8-05-2014».

6.4. Las indemnizaciones por traslado de la persona trabajadora

¿En qué casos y hasta qué límite están exentas en IRPF las indemnizaciones por traslado del trabajador?

El artículo 40 del ET se refiere a la movilidad geográfica de los trabajadores y, en particular, en su apartado 1 contempla la posibilidad de que, en determinados supuestos de traslado del trabajador, este pueda optar entre aceptar ese traslado (percibiendo una compensación por gastos) o extinguir su contrato de trabajo (con derecho a determinada indemnización). En concreto, el precepto indica lo siguiente:

«1. El **traslado de trabajadores que no hayan sido contratados específicamente para prestar sus servicios en empresas con centros de trabajo móviles o itinerantes a un centro de trabajo distinto de la misma empresa que exija cambios de residencia requerirá la existencia de razones económicas, técnicas, organizativas o de producción que lo justifiquen.** Se considerarán tales las que estén relacionadas con la competitividad, productividad u organización técnica o del trabajo en la empresa, así como las contrataciones referidas a la actividad empresarial.

La decisión de traslado deberá ser notificada por el empresario al trabajador, así como a sus representantes legales, con una antelación mínima de treinta días a la fecha de su efectividad.

Notificada la decisión de traslado, **el trabajador tendrá derecho a optar entre el traslado, percibiendo una compensación por gastos, o la extinción de su contrato, percibiendo una indemnización de veinte días de salario por año de servicio, prorrateándose por meses los periodos de tiempo inferiores a un año y con un máximo de doce mensualidades.** La compensación a que se refiere el primer supuesto comprenderá tanto los gastos propios como los de los familiares a su cargo, en los términos que se convengan entre las partes, y nunca será inferior a los límites mínimos establecidos en los convenios colectivos.

Sin perjuicio de la ejecutividad del traslado en el plazo de incorporación citado, el trabajador que, no habiendo optado por la extinción de su contrato, se muestre disconforme con la decisión empresarial podrá impugnarla ante la jurisdicción social. La sentencia declarará el traslado justificado o injustificado y, en este último caso, reconocerá el derecho del trabajador a ser reincorporado al centro de trabajo de origen.

Cuando, con objeto de eludir las previsiones contenidas en el apartado siguiente, la empresa realice traslados en periodos sucesivos de noventa días en número inferior a los umbrales allí señalados, sin que concurran causas nuevas que justifiquen tal actuación, dichos nuevos traslados se considerarán efectuados en fraude de ley y serán declarados nulos y sin efecto.

(...)».

En esa medida, cuando el empresario le notifique al trabajador su traslado a un centro de trabajo distinto de la empresa, que **exija un cambio de residencia**, el trabajador tendrá derecho a **extinguir la relación laboral**, percibiendo una **indemnización de 20 días de salario por año de servicio**, prorrateándose por meses los períodos de tiempo inferiores a un año y **con un máximo de 12 mensualidades**.

En aquellos supuestos en los que el **trabajador opte por no extinguir su contrato de trabajo y acepte el traslado**, tendrá derecho a una «*compensación por gastos*», según indica el artículo 40.1 del ET. A cuyo respecto el apartado 2 del artículo 9.B del RIRPF exceptúa de gravamen las cantidades que se abonen al contribuyente con motivo del **traslado de puesto de trabajo a municipio distinto**, siempre que dicho traslado exija el cambio de residencia y correspondan, exclusivamente, a dos conceptos:

- Gastos de **locomoción y manutención** del contribuyente y de sus familiares durante el traslado.
- Gastos de **traslado de su mobiliario y enseres**.

A TENER EN CUENTA. A los efectos de la reducción del 30 % que establece el artículo 18.2 de la LIRPF, el artículo 12.1.a) del RIRPF considera como rendimientos del trabajo obtenidos de forma notoriamente irregular en el tiempo las cantidades satisfechas por la empresa a los empleados con motivo del traslado a otro centro de trabajo que excedan de los importes señalados en el artículo 9 de dicho RIRPF. Eso sí, la reducción solo podrá aplicarse cuando se imputen en un único período impositivo.

RESOLUCIÓN ADMINISTRATIVA

Consulta vinculante de la Dirección General de Tributos (V2546-20), de 27 de julio de 2020

Asunto: tributación en IRPF del exceso sobre la compensación de gastos por traslado exceptuado de IRPF y posibilidad de aplicar la reducción del artículo 18.2 de la LIRPF.

«*(...) de las cuantías percibidas por traslado de centro de trabajo, estará exceptuada de gravamen la parte que se corresponda exclusivamente con los gastos referidos en dicho precepto [el artículo 9.B.2 del RIRPF], y siempre y cuando el traslado exija el cambio de residencia, tributando el exceso como rendimiento del trabajo.*

(...) tanto la concreción del cambio de residencia a un municipio distinto con motivo del traslado de puesto de trabajo, así como que efectivamente se hayan producido unos gastos de locomoción y manutención del contribuyente y de sus familiares durante el traslado o bien gastos de traslado de su mobiliario y enseres tal como se exige en el apartado B.2 del artículo 9 del RIRPF, y que además dichos gastos hayan sido efectivamente satisfechos por el contribuyente, son una cuestión de hecho, que deberán ser acreditadas por el contribuyente a través de medios de prueba admitidos en Derecho, según dispone el artículo 106 de la Ley General Tributaria (Ley 58/2003, de 17 de diciembre), correspondiendo su valoración a los órganos de gestión e inspección de la Administración Tributaria.

Sentado lo anterior, procede analizar si a la parte de la cuantía recibida (4.200 euros brutos) que exceda de la cuantía exceptuada de gravamen conforme al artículo anterior le resulta de aplicación la reducción del 30 por ciento prevista en el artículo 18.2 de la LIRPF (...)

(...)

En primer lugar, en cuanto a la posible existencia de un período de generación superior a dos años, ésta debe descartarse porque no existe un tiempo previo durante el que se genere el derecho a percibir las cantidades por traslado, sino que tal derecho se vincula únicamente al hecho del traslado de centro de trabajo.

En segundo lugar, descartada la existencia de un período de generación, la única posibilidad de aplicación de la reducción del 30 por 100 viene dada por la consideración de las indemnizaciones por traslado como uno de los rendimientos calificados reglamentariamente como obtenidos de forma notoriamente irregular en el tiempo, calificación que se recoge en el artículo 12.1 del RIRPF.

Conforme a lo dispuesto en la letra a) del artículo 12.1 del RIRPF, a efectos de la aplicación de la reducción prevista en el artículo 18.2 de la LIRPF, se consideran rendimientos del trabajo obtenidos de forma notoriamente irregular en el tiempo, cuando se imputen en un único período impositivo, las cantidades satisfechas por la empresa a los empleados con motivo del traslado a otro centro de trabajo que excedan de los importes previstos en el artículo 9 del RIRPF».

6.5. Otras indemnizaciones percibidas a consecuencia de la extinción de una relación laboral (común o especial)

Otras indemnizaciones ligadas a la extinción del contrato laboral con tratamiento fiscal destacable

Junto con las indemnizaciones vistas en los apartados anteriores, existen también otras que, percibiéndose como consecuencia de la extinción de una relación laboral (común o especial), pueden gozar de exención en el IRPF hasta ciertos importes o contar con un tratamiento que pueda considerarse especial.

Como supuesto particular, cabría destacar el de la **indemnización sustitutoria por falta de preaviso en el marco de una relación laboral común o especial**. Y es que, en determinados supuestos, la legislación laboral prevé que el empresario le abone a trabajador despedido ciertos importes cuando no le haya comunicado la extinción contractual con el preaviso exigido. Así, y por ejemplo, en el marco del despido por causas objetivas, el último párrafo del artículo 53.4 del ET señala que «*la no concesión del preaviso (...) no determinará la improcedencia del despido, sin perjuicio de la obligación del empresario de abonar los salarios correspondientes a dicho periodo (...), con independencia de los demás efectos que procedan*»; o, en el seno de la relación laboral especial del personal de alta dirección, el artículo 11 del Real Decreto 1382/1985, de 1 de agosto, establece un determinado preaviso en caso de extinción del contrato por desistimiento del empresario y que, en caso de incumplimiento total o parcial del mismo, «*el alto directivo tendrá derecho a una indemnización equivalente a los salarios correspondientes a la duración del período incumplido*».

La mencionada indemnización tributará en el IRPF como **rendimiento del trabajo** (artículo 17.1 de la LIRPF), sin que proceda la exención que para las indemnizaciones por despido o cese laboral contempla el artículo 7.e) de la LIRPF (la compensación por falta de preaviso no tendría su origen en la extinción de la relación laboral, sino en la ausencia del correspondiente preaviso). Con respecto a ella, tampoco cabría la reducción del artículo 18.2 de la LIRPF, en la medida en que no existiría un período de generación superior a dos años ni se trataría de un rendimiento del trabajo obtenido de forma notoriamente irregular en el tiempo, al no encajar en ninguno de los supuestos que enumera el artículo 12.1 del RIRPF.

Por lo demás, también cabría hacer referencia a una serie de indemnizaciones percibidas como consecuencia de la extinción de un contrato de trabajo (en el marco de una relación laboral común o de carácter especial) con respecto a las cuales se entiende que el ET o su normativa de desarrollo fija una indemnización mínima obligatoria que podrá quedar exenta al amparo del artículo 7.e) de la LIRPF. Por ejemplo:

- **Indemnización por extinción del contrato por modificaciones sustanciales de las condiciones de trabajo de carácter individual.** De acuerdo con el artículo 41.3 del ET, cuando la empresa acuerde modificaciones sustanciales de las condiciones de trabajo de carácter individual, que afecten a la jornada, horario y distribución del tiempo de trabajo, régimen de trabajo a turnos, sistema de remuneración y cuantía salarial o a las funciones más allá de los límites previstos para la movilidad funcional, que perjudiquen al trabajador y no redunden en un menoscabo de su dignidad, este tendrá derecho a rescindir su contrato y a percibir una indemnización de **20 días de salario por año de servicio** prorrateándose por meses los períodos inferiores a un año y con un **máximo de nueve meses**. Cuando la indemnización percibida se corresponda con esta concreta situación, quedará exenta de tributación en IRPF con el límite legal señalado o, en su caso, con el límite de 180.000 euros que fija el propio artículo 7.e) de la LIRPF. Así lo reconocen, por ejemplo, las consultas vinculantes de la Dirección General de Tributos (V3686-20), de 30 de diciembre de 2020, o (V3429-19), de 13 de diciembre de 2019.

- **Indemnización por extinción voluntaria del contrato de trabajo conforme al artículo 50 del ET**. Este precepto permite al trabajador extinguir voluntariamente su contrato de trabajo por las siguientes justas causas, con derecho a la **indemnización prevista para el despido improcedente**:

  » Modificación sustancial en las condiciones de trabajo sin respetar lo previsto en el artículo 41 del ET y que redunde en menoscabo de la dignidad del trabajador.

  » Falta de pago o retrasos continuados en el abono del salario pactado. Sin perjuicio de otros supuestos que por el juez, la jueza o el tribunal puedan considerarse causa justa a estos efectos, se entenderá que hay retraso cuando se supere en quince días la fecha fijada para el abono del salario, concurriendo la causa cuando se adeuden al trabajador o la trabajadora, en el período de un año, tres mensualidades completas de salario, aún no consecutivas, o cuando concurra retraso en el pago del salario durante seis meses, aún no consecutivos.

  » Cualquier otro incumplimiento grave de sus obligaciones por parte del empresario, salvo los supuestos de fuerza mayor, así como la negativa del mismo a reintegrar al trabajador o a la trabajadora en sus anteriores condiciones de trabajo en los supuestos previstos en los artículos 40 y 41 del ET, cuando una sentencia judicial haya declarado los mismos injustificados.

  La indemnización que el ET establece para este caso también tiene la consideración de **mínima obligatoria a efectos de la exención del artículo 7.e) de la LIRPF**. Por lo tanto, cumpliéndose los requisitos para la exención, la indemnización percibida conforme al artículo 50 del ET podrá quedar exenta con los límites de la prevista para el despido improcedente o, en su caso, con el límite máximo de 180.000 euros. Por otra parte, tal y como apuntó la Dirección General de Tributos en su consulta vinculante (V2050-20), de 23 de junio de 2020, *«la aplicación de la exención contemplada en el artículo 7 e) de la LIRPF, precisará la acreditación de los motivos que motivan la extinción de la relación laboral por voluntad del trabajador conforme a lo dispuesto en el artículo 50 del Estatuto de los Trabajadores, que podrá realizarse por cualquiera de los medios de prueba generalmente admitidos en derecho, siendo competencia de los órganos de gestión e inspección de la Administración Tributaria la valoración de las pruebas aportadas»*.

> **A TENER EN CUENTA.** El artículo 50 del ET ha sido modificado por la Ley Orgánica 1/2025, en vigor desde el 3 de abril de 2025.

- **Indemnización por extinción del contrato de trabajo por muerte, jubilación o incapacidad del empresario.** En los casos de muerte, jubilación o incapacidad del empresario, el artículo 49.1.g) del ET establece que se extinguirá el contrato de trabajo, teniendo el trabajador derecho al abono de una cantidad equivalente a **un mes de salario**. Ahora bien, si el contrato se extingue por extinción de la personalidad jurídica del contratante, habrá que seguir los trámites del despido colectivo del artículo 51 del ET.

- **Indemnización por despido improcedente de deportistas profesionales**. El Real Decreto 1006/1985, de 26 de junio, regula la relación laboral especial de los deportistas profesionales. A estos efectos, se consideran deportistas profesionales quienes, en virtud de una relación establecida con carácter regular, se dediquen voluntariamente a la práctica del deporte por cuenta y dentro del ámbito de organización y dirección de un club o entidad deportiva a cambio de una retribución; aunque quedan excluidas de su ámbito de aplicación las personas que se dediquen a la práctica del deporte dentro del ámbito de un club, percibiendo de este solo la compensación de los gastos derivados de su práctica deportiva. También se incluyen en el ámbito de aplicación de esta norma las relaciones regulares establecidas entre deportistas profesionales y empresas cuyo objeto social consista en la organización de espectáculos deportivos, así como la contratación de deportistas profesionales por empresas o firmas comerciales, para el desarrollo, en uno y otro caso, de las actividades deportivas en los términos antes indicados. En el ámbito de esta relación laboral especial, el artículo 15 del Real Decreto 1006/1985, de 26 de junio, prevé que, en caso de despido improcedente, sin readmisión, el deportista profesional tendrá derecho a una indemnización, que a falta de pacto se fijará judicialmente, de al menos **dos mensualidades** de sus retribuciones periódicas, más la parte proporcional correspondiente de los complementos de calidad y cantidad de trabajo percibidos durante el último año, prorrateándose por meses los períodos de tiempo inferiores a un año, por año de servicio. Pues bien, esta indemnización mínima por despido improcedente prevista en el artículo 15 del Real Decreto 1006/1985, de 26 de junio, debe considerarse en todo caso exenta de tributación en el IRPF conforme al artículo 7.e) de la LIRPF. Así resulta, por ejemplo, de las sentencias el Tribunal Supremo de 19 de julio de 2010, en recurso n.º 4396/2007, ECLI:ES:TS:2010:4114, y de 4 de noviembre de 2010, en recurso n.º 2080/2007, ECLI:ES:TS:2010:5914.

RESOLUCIÓN ADMINISTRATIVA

Consulta vinculante de la Dirección General de Tributos (V0667-20), de 2 de abril de 2020

Asunto: tratamiento en IRPF de la indemnización sustitutiva del preaviso en caso de extinción del contrato de un alto directo por desistimiento del empresario.

«El plazo de preaviso tiene por objeto facilitar durante el mismo al alto directivo despedido la búsqueda de un nuevo empleo, y por ello, su no concesión, no anula la extinción del contrato de trabajo, sino que, el empresario está obligado a abonar los salarios correspondientes a dicho período. por lo que la indemnización que se corresponde con los salarios correspondientes a la duración del período incumplido.

Por consiguiente, cuando del deber de preaviso se trata, la indemnización por falta de preaviso no cumple una función tuitiva, connatural a la esencia del derecho laboral, sino más bien una función de garantía propia del derecho privado y, en consecuencia, la compensación económica a sustituir a los salarios dejados de percibir, no tiene la misma naturaleza que la indemnización por despido.

De lo anterior resulta que la indemnización por incumplimiento del deber de preaviso forma parte de los rendimientos derivados del trabajo, conforme a lo dispuesto en el artículo 17.1 de la Ley 35/2006, de 28 de noviembre, del Impuesto sobre la Renta de las Personas Físicas y de modificación parcial de las leyes de los Impuestos sobre Sociedades, sobre la Renta de no Residentes y sobre el Patrimonio (BOE del día 29), sin que quepa la aplicación del artículo 7.e) de dicha ley.

(...)

Al no corresponderse la indemnización por falta de preaviso con ninguno de los supuestos a los que el artículo 12.1 otorga la calificación de rendimientos del trabajo obtenidos de forma notoriamente irregular en el tiempo, el asunto se delimita —a efectos de la aplicación de la reducción— en torno a la consideración de la existencia de un período de generación superior a dos años.

A ello hay que responder que no cabe entender existente un período de generación previo en el que se haya ido gestando la indemnización, pues ésta surge con el propio despido que impone la obligación de respetar el plazo de preaviso, y en caso de incumplimiento de dicha obligación se establece la de satisfacer la indemnización de los salarios correspondientes a la duración del período incumplido, período mínimo de tres meses que puede ampliarse a seis en los términos anteriormente expuestos».

7.
LAS PREJUBILACIONES Y SU FISCALIDAD EN EL IRPF

La prejubilación como «puente» entre la vida laboral y la jubilación

El artículo 204 del Real Decreto Legislativo 8/2015, de 30 de octubre, por el que se aprueba el texto refundido de la Ley General de la Seguridad Social (en adelante, LGSS) define la jubilación, en su modalidad contributiva, como aquella pensión vitalicia que será reconocida a su beneficiario *«en las condiciones, cuantía y forma que reglamentariamente se determinen, cuando, alcanzada la edad establecida, cese o haya cesado en el trabajo por cuenta ajena».* **El acceso a la jubilación depende de la edad del interesado y de las cotizaciones que haya acumulado a lo largo de su vida laboral**, que se aplican de manera gradual hasta enero de 2027. Con carácter general, en 2026, podrán acceder a ella las personas incluidas en el régimen general de la Seguridad Social que hayan cumplido 66 años y 10 meses de edad, o 65 años cuando se acrediten 38 años y 3 meses de cotización.

Sin embargo, con carácter previo a dichas edades, existen también ciertas vías que permiten que la persona trabajadora ponga fin a su vida laboral de manera prematura. Una de ellas es la **prejubilación**, que actuaría como una suerte de **«puente» entre la vida laboral y la jubilación del interesado (sea ordinaria o anticipada)**. Se trataría de una figura basada en un acuerdo entre la empresa y el trabajador, adoptado en el marco de la relación laboral que venían manteniendo, en virtud del cual se pone fin a la actividad laboral a cambio de determinadas compensaciones económicas, pero que **no constituye un tipo de jubilación reconocido por la Seguridad Social**.

‖ ¿En qué se diferencian la prejubilación y la jubilación anticipada?

Tanto la prejubilación como la jubilación anticipada **permiten al trabajador de edad avanzada retirarse o abandonar la actividad laboral antes de la edad ordinaria de jubilación**. Sin embargo, constituyen figuras diferentes.

La **prejubilación** como tal no se encuentra regulada en nuestro ordenamiento jurídico. Supone la existencia de un acuerdo entre la persona trabajadora y la empresa (individual o colectivo), en virtud del cual el trabajador deja de desarrollar su actividad laboral antes de alcanzar la edad normal de jubilación, normalmente pasando a situación de desempleo y percibiendo ciertas contrapartidas económicas de la empresa. En esa medida, y sin perjuicio de la diversidad de situaciones y de denominaciones que puedan utilizarse (prejubilaciones como tales, bajas incentivadas, excedencias especiales, etc.), el elemento central característico vendrá dado por la **percepción de las compensaciones económicas acordadas con la empresa mientras el trabajador no pueda acceder a la jubilación**. Es decir, el «prejubilado» no está «jubilado» a los efectos de la Seguridad Social, simplemente dejará de desarrollar su actividad laboral a cambio de determinadas contrapartidas económicas durante el tiempo que le falte para jubilarse.

A grandes rasgos, la prejubilación puede instrumentarse por dos vías básicas:

- Mediante la **suspensión del contrato de trabajo**, en aquellos supuestos en los que el acuerdo de prejubilación no implique una extinción inmediata de la relación laboral, sino tan solo su suspensión, demorándose la extinción hasta el momento en el que se produzca la jubilación.

- A través de la **extinción de la relación laboral**, por mutuo acuerdo o no. En este caso, a efectos de Seguridad Social, el prejubilado pasará a situación de desempleo hasta el momento de la jubilación (sea ordinaria o anticipada).

Como señalamos, en general, la prejubilación podrá suponer que la empresa abone al prejubilado una compensación económica equivalente a un determinado porcentaje sobre el salario, que dependerá de factores diversos, bien en un pago único o de forma periódica, según los casos. En los supuestos en los que se produzca la inmediata extinción de la relación laboral, percibirá de la empresa una indemnización por despido o cese, en pago único o fraccionado (si cabe), y la prestación por desempleo que pueda corresponderle. A mayor abundamiento, tanto en los casos de suspensión del contrato de trabajo como en los de extinción, a fin de que la futura pensión de jubilación del trabajador no se vea afectada por la falta de cotización en el período inmediatamente anterior a la misma, normalmente se suscribirá un convenio especial con la Seguridad Social, de cuyos importes se hará cargo la empresa.

Por el contrario, la **jubilación anticipada** es una figura que sí se encuentra regulada en nuestro ordenamiento positivo, por medio de la cual el trabajador **accede a la jubilación a una edad más temprana que la ordinaria**. En concreto, se encuentra regulada en la LGSS, cuyos artículos 206 y siguientes contemplan diferentes tipos de jubilación anticipada (por razón de la actividad, para personas con discapacidad, derivada del cese por causa no imputable a la libre voluntad del trabajador o por voluntad del interesado). Asimismo, también es posible acceder a la pensión contributiva de jubilación desde los 60 años (aplicando coeficientes reductores y de reunir los requisitos exigidos) cuando se pertenezca a grupos específicos como, por ejemplo, en el caso de trabajadores que cotizaron en alguna de las mutualidades laborales de trabajadores por cuenta ajena antes del 1 de enero de 1967.

CUESTIÓN

¿Qué es un convenio especial con la Seguridad Social? ¿Es obligatorio en caso de prejubilación?

La Orden TAS/2865/2003, de 13 de octubre, regula las distintas modalidades del convenio especial con la Seguridad Social. A modo de resumen, puede decirse que la suscripción de un convenio especial en sus diferentes tipos determinará la **iniciación o la continuación de la situación de alta o asimilada a la de alta en el régimen de la Seguridad Social que corresponda por la actividad que el trabajador o asimilado desarrolle o haya desarrollado con anterioridad** a su suscripción.

Su objeto será la cotización al régimen de la Seguridad Social en cuyo ámbito se suscriba el convenio y la cobertura de las situaciones derivadas de contingencias comunes mediante el otorgamiento de las prestaciones a que se extienda la acción protectora de dicho régimen por tales contingencias, de la que quedan excluidas (salvo en los supuestos en los que resulte otra cosa de lo dispuesto para cada modalidad de convenio especial en el capítulo II de la propia orden) las situaciones de incapacidad temporal, maternidad y riesgo durante el embarazo y los subsidios correspondientes a las mismas. Asimismo, quedarán excluidas del convenio especial la cotización y la protección por desempleo, Fondo de Garantía Salarial y formación profesional.

Con carácter general, la suscripción de un convenio especial será voluntaria y podrán suscribirlo los distintos trabajadores o pensionistas que especifica el artículo 2 de la orden (por ejemplo, podrán suscribirlo los trabajadores que causen baja en el régimen de la Seguridad Social en el que estuviesen encuadrados y no queden comprendidos en ningún otro). Asimismo, el artículo 24 de la orden regula de manera específica el convenio especial de trabajadores perceptores del subsidio de desempleo con derecho a cotización por la contingencia de jubilación (que podrán suscribir los mayores de 52 años que se encuentren en esa situación, con determinadas particularidades).

Sin embargo, el artículo 51.9 del ET establece la **obligación de suscribir un convenio especial en determinados supuestos de despido colectivo o ERE** (en cuyo marco pueden producirse también prejubilaciones). El régimen de tal convenio se desarrolla en la disposición adicional decimotercera de la LGSS y el artículo 20 de la Orden TAS/2865/2003, de 13 de octubre.

RESOLUCIÓN RELEVANTE

Sentencia del Tribunal Supremo de 24 de julio de 2006, en recurso n.º 2414/2005, ECLI:ES:TS:2006:5318

Asunto: naturaleza jurídica y configuración variada de la prejubilación.

«TERCERO.- Ciertamente ha de admitirse que la general doctrina que esta Sala ha mantenido respecto de la naturaleza jurídica de la prejubilación ha sido la de atribuirle virtualidad extintiva del contrato de trabajo, al afirmarse que la misma integraba el «cese prematuro y definitivo en la vida laboral del trabajador de edad avanzada antes del cumplimiento de la edad normal de jubilación y mediante las correspondientes contrapartida económica a cargo de la empresa» (Sentencias de 14/12/01-rec. 1365/01-; 25/06/01 01 -rec. 3442/00 -). E incluso con mayor detenimiento se ha dicho que «La prejubilación, en el momento actual, aún cuando ciertamente no constituya una contingencia protegida por la Seguridad Social ni, tampoco, aparezca regulada en el Estatuto de los Trabajadores, sin embargo, se erige en una de las modalidades de la jubilación gradual y flexible que rige ya en España, sobre todo a partir de la suscripción del Pacto de Toledo y, más específicamente, a partir de la Ley 35/2002, [...] que, lógicamente, se revela como

una modalidad de extinción contractual y no de simple suspensión de la relación laboral» (STS 01/06/04 -rec. 128/0 3-).

Pero ha de tenerse en cuenta que también esta misma doctrina unificada ha sostenido - precisamente para excluir la existencia de contradicción que se pretendía entre los supuestos objeto de comparación- que aquellas afirmaciones se habían hecho en el contexto de supuestos de prejubilación derivada de ERE y no ofrecían las singularidades -muy particularmente el propio convenio de suspensión del contrato- que presentan las acordadas en el seno del BSCH y que resultan justificativas de que en estas últimas se llegue a conclusión diversa, de mera suspensión contractual; básicamente por mor de la voluntad expresa -pactada- de las partes sobre tan concreto extremo de persistencia -suspensión- del vínculo laboral que unía a las partes. En palabras de la sentencia de 27/02/06 -rec. 3405/04 -: "en nuestro caso se dio la circunstancia de que por acuerdo de las partes se pactó expresamente como si fuera de suspensión aquel acuerdo de prejubilación, de ahí que al entenderse ello así por la peculiaridad del caso y partiendo de una situación de suspensión pactada se llegó a la conclusión de que la acción para reclamar el incremento de las cantidades correspondientes a las dos pagas reclamadas no había prescrito al no haberse extinguido el contrato, de conformidad con lo previsto en el art. 59.1 ET respecto al 'dies a quo' de la prescripción; de forma que, según ha interpretado esta Sala no solo tenían derecho estos trabajadores a los incrementos reclamados - esto se ha dicho en numerosas sentencias como las SSTS 4-2-2003 (Rec.- 1402/02), 17-5-2004 (Rec.- 3594/03) u 11-11-2004 (Rec.- 2134/03), entre otras - sino que, además el derecho al incremento no podía estimarse prescrito al estar en una situación pactada de suspensión y no de extinción - en tal sentido las SSTS 21-9-2005 (Rec.-3977/04) y 15-11-2005 (Rec.- 5037/0 4)".

Y es misma diversidad en el presupuesto respectivo -extinción/suspensión del contrato- determina igualmente la disparidad en el tratamiento que haya de darse a la decadencia del derecho a reclamar cantidades derivadas de la situación de prejubilación, pues mientras que "en el supuesto presente se trata de una reclamación respecto a una cantidad pactada en el seno de un contrato vigente y de tracto continuo, que podía ejercitarse mientras el contrato estuviera vigente y con plazo de prescripción de un año respecto a las cantidades vencidas. En el de la invocada de contradicción se trataba del importe de una indemnización acordada por la baja voluntaria en la empresa, por tanto, contrato extinguido, y, aunque esa indemnización se hiciera efectiva por meses, su importe estaba calculado en el momento de la extinción, siendo el pago mensual simplemente una forma de pago aplazado" (así, las Sentencias de 13/02/06 -rec. 3488/04-; 01/03/06 -rec. 3675/04-; 01/03/06 -rec. 4389/0 4-)».

Fiscalidad en IRPF del prejubilado con suspensión del contrato de trabajo y posterior pase a jubilación

Según se ha señalado, la prejubilación puede revestir diferentes modalidades, en función de lo que, en cada caso, hayan pactado las partes. Y, justamente, una de esas posibilidades consiste en que el acuerdo de prejubilación determine la **suspensión del contrato de trabajo con posterior pase a la situación de jubilación**, de modo que la relación laboral no se extingue inmediatamente, sino que queda suspendida hasta el momento en el que el trabajador acceda a la jubilación (será entonces cuando se extinga).

Durante ese período de tiempo intermedio y previo a la jubilación (sea ordinaria o anticipada), la **empresa abonará un importe al trabajador prejubilado**, equivalente a cierto porcentaje del salario y que vendrá determinado por una serie de factores como la edad, la antigüedad y/o los años cotizados a la Seguridad Social. Se trata de una cantidad «compensatoria» o «sustitutiva» del salario que se percibiría si la relación laboral no se encontrase suspendida, pero que, en realidad, no constituye un sueldo o salario (ni, evidentemente, tampoco una pensión de jubilación o una indemnización por despido o cese de la relación laboral). Normalmente, el acuerdo de prejubilación conllevará también la **suscripción de un convenio especial con la Seguridad Social, que instrumente la cotización del trabajador** hasta que se produzca la jubilación, a fin de evitar que la prejubilación suponga una merma de la pensión que en su día se cause por dicha contingencia.

El **importe compensatorio periódico** que el prejubilado perciba de la empresa tributará en su declaración de la renta como **rendimiento del trabajo**, conforme al artículo 17.1 de la LIRPF. Tendrá un carácter **regular**, por lo que no cabrá la reducción del artículo 18.2 de la LIRPF.

En ese sentido, la resolución del Tribunal Económico-Administrativo Central n.º 5269/2009, de 19 de mayo de 2010, aunque tomaba como base la normativa previa en materia de IRPF, fijaba como criterio (extrapolable en lo sustantivo) que «*en el supuesto de prejubilaciones que se instrumenten o formalicen mediante la "suspensión de los contratos" (artículo 45 del Estatuto de los Trabajadores), los importes percibidos en ejecución de dichos acuerdos no tendrán la consideración de "cantidades satisfechas por la empresa a los trabajadores por la resolución de mutuo acuerdo de la relación laboral", a los efectos de la eventual aplicación de la reducción establecida por el artículo 17.2 del RDL 3/2004*» (asimilable al actual artículo 18.2 de la LIRPF).

Por lo que se refiere al tratamiento de las **cantidades que la empresa satisfaga para financiar el convenio especial con la Seguridad Social**, conviene tener en cuenta el artículo 8 de la Orden TAS/2865/2003, de 13 de octubre. En él se establece que será sujeto responsable del cumplimiento de la obligación de cotizar a la Seguridad Social el comprometido en el convenio especial a abonar a su cargo el importe de la cuota correspondiente, en los términos que establezca el convenio, y, en su caso, aquel a quien se imponga expresamente dicha obligación en la propia orden o en otra norma específica. Esto supone que, con carácter general, la obligación de pago de las cotizaciones le corresponda al trabajador.

Así las cosas, cuando la obligación de pago de las cotizaciones corresponda al trabajador y la empresa sea la que abone los importes, esas cantidades constituirán para el prejubilado un **rendimiento del trabajo en especie**, a tenor del artículo 17.1 de la LIRPF. Sin embargo, si la empresa **entrega al trabajador importes en metálico para que este haga frente a las cuotas** de la Seguridad Social, no existirá rendimiento del trabajo en especie, sino una **renta dineraria** conforme al artículo 42.1 de la LIRPF. Como contrapartida, constituirán un **gasto deducible** de acuerdo con el artículo 19.2 de la LIRPF.

A TENER EN CUENTA. Si la obligación de pago de la cotización en virtud del convenio especial fuera de la empresa, los importes que satisfaga no tendrían incidencia en el IRPF del prejubilado (ni como ingreso ni como gasto deducible).

RESOLUCIÓN RELEVANTE

Sentencia del Tribunal Supremo n.° 296/2023, de 25 de abril, ECLI:ES:TS:2023:1793

Asunto: tanto la jubilación ordinaria como la anticipada extinguen el contrato de trabajo suspendido en virtud de un acuerdo de prejubilación.

«La doctrina correcta se encuentra en la sentencia recurrida tal como se desprende de nuestra STS 209/2022, de 9 de marzo, Rcud. 1654/2020, en la que, examinando un acuerdo sustancialmente igual que el descrito, señalamos que por encima de su mera literalidad, «la intención evidente de los contratantes» (artículo 1281 CC parece muy clara y no es otra que la suspensión contrato de trabajo de trabajador hasta que el contrato se extingue por pasar el empleado a la situación de jubilación, percibiendo entonces no solo la pensión correspondiente de la Seguridad Social, sino, adicionalmente, la prestación por jubilación del plan de pensiones. Y debemos recordar que la jubilación del trabajador es causa de extinción del contrato de trabajo del trabajador (artículo 49.1 f) ET), extinción que se produce igualmente en el supuesto de jubilación anticipada.

Estamos en presencia de un acuerdo de suspensión del contrato de trabajo, periodo durante el cual la empresa abona determinadas cantidades al trabajador, no siendo acorde con su finalidad y sentido que esas cantidades se sigan percibiendo una vez que el contrato se ha extinguido por jubilación del trabajador y este pasa a percibir la pensión de jubilación de la Seguridad Social y, en su caso, la del plan de pensiones.

(...)

La finalidad del acuerdo de 1 de noviembre de 2005 fue suministrar una fuente de rentas al trabajador en el momento en el que, por suspensión de su contrato de trabajo, dejaba de percibir el salario. Pero no resulta razonable interpretar que la intención de los contratantes fue extender ese suministro de rentas a una situación en la que ya no es tan indispensable (porque se pasaba a recibir la pensión de jubilación) y en la que el contrato de trabajo se ha extinguido. Las partes quisieron lógicamente no dejar sin renta alguna al trabajador durante su prejubilación, pero no duplicar sus rentas (la pensión de jubilación y, además, las del acuerdo de 1 de noviembre de 2006) a partir del momento de su jubilación. Y, frente a esta clara finalidad e intención de las partes del acuerdo, no puede prevalecer el argumento de que el mismo no contempló expresamente la situación de jubilación anticipada, sino solo la edad de 65 años del trabajador, y de que previó el abono de las cantidades pactadas hasta entonces».

Fiscalidad en el IRPF ligada a la prejubilación con extinción de la relación laboral sin mutuo acuerdo

Frente a lo que sucedía en el supuesto anterior, buena parte de las prejubilaciones no conllevarán una inicial suspensión de la relación laboral a espera de la extinción que se produzca en el momento de la jubilación, sino que ellas mismas determinarán la **extinción del contrato de trabajo**. Lo cual, a su vez, implicará dos efectos básicos: el prejubilado percibirá la correspondiente **indemnización por despido o cese** y pasará, a efectos de Seguridad Social, a **situación de desempleo**.

Por lo que se refiere a la fiscalidad en el IRPF del trabajador prejubilado, en aquellos supuestos en los que **no exista mutuo acuerdo**, a grandes rasgos, será del modo que se estudia a continuación.

Importe compensatorio e indemnización por despido abonados por la empresa

En primer lugar, en cuanto a la **cantidad compensatoria periódica o en pago único** (descontada la prestación por desempleo) que la empresa pueda abonar al prejubilado, su calificación a efectos del IRPF del prejubilado será la de **rendimiento del trabajo**, de conformidad con el artículo 17.1 de la LIRPF. Si dicho importe se satisface en forma de renta mensual o periódica, no se tratará de una renta irregular y no cabrá la reducción del artículo 18.2 de la LIRPF. En los casos en los que se trate de un pago único, habría que valorar las circunstancias y, evidentemente, que ver si se cumplen el resto de los requisitos para la reducción. En particular, conviene tener en cuenta que, según el modo en que se configure, esta compensación podría tener su origen directo en el contrato de prejubilación y no dirigirse a compensar al trabajador por los años de servicio, sino a garantizarle una renta por prejubilación, por lo que podría no existir un auténtico período de generación superior a dos años (tampoco se trataría de una renta calificada como obtenida de forma notoriamente irregular en el tiempo), faltando la nota de irregularidad para aplicar la reducción (en ese sentido, puede acudirse, por ejemplo, a la sentencia del Tribunal Supremo de 16 de julio de 2008, en recurso n.º 425/2004, ECLI:ES:TS:2008:4196).

La **indemnización por despido** quedará **exenta de tributación siempre que concurran los requisitos** que establece el artículo 7.e) de la LIRPF. A tal respecto, nos remitimos a los epígrafes en los que se estudia la fiscalidad de las indemnizaciones por despido (y, muy especialmente, a la ligada a los despidos colectivos, en cuyo marco se producen con frecuencia múltiples prejubilaciones, y a los supuestos de fraccionamiento del pago de la indemnización). Los importes exentos variarán en función del tipo de despido y de la calificación que reciba en caso de impugnación; siempre teniendo presente que, conforme al artículo 7.e) de la LIRPF, el importe de la indemnización exenta por este concepto tendrá como límite la cantidad de 180.000 euros.

En concreto, cabe recordar que uno de los requisitos para la exención viene dado por que la indemnización no sea fruto de un pacto o acuerdo. Por esa razón, cabría plantearse la naturaleza de las bajas derivadas de prejubilaciones acordadas o aceptadas en el marco de un ERE o despido colectivo. La sentencia del Tribunal Supremo n.º 1189/2020, de 21 de septiembre, ECLI:ES:TS:2020:3063, apuntó lo siguiente:

> «La primera cuestión tiene un perfil laboral evidente, de manera que, habiéndose pronunciado sobre ella la jurisdicción social, de forma reiterada, procede que sigamos su criterio, como ya ha hecho, también de manera reiterada, la Sección 4ª de esta Sala Tercera de lo Contencioso administrativo.
>
> Hacemos nuestro su parecer, expresado por vez primera en la sentencia de dicha Sección, de 21 de diciembre de 2017 (rec. casación 3058/2015), de la que, a modo de síntesis, transcribimos su fundamento jurídico octavo, que es del tenor siguiente: (...) "teniendo en cuenta que los trabajadores afectado de la empresa en cuestión causaron baja en la empresa por prejubilación, como consecuencia del expediente de regulación de

empleo NUM000, desde nuestra óptica **no se puede considerar que la extinción de sus contratos sea por la libre voluntad del trabajador o el mutuo acuerdo de las partes, sino que en todo caso, los trabajadores tuvieron que elegir entre una u otra medida, dado que el expediente de regulación de empleo fue presentado por la parte empresarial, fundamentado en las causas económicas, técnicas, organizativas y productivas** establecidas en el art. 51 del Texto Refundido de la Ley del Estatuto de Trabajadores -ajenas a la voluntad de los trabajadores- donde ya se había establecido unos excedentes de plantilla. Así pues, a nuestro entender, **ha de considerarse que los ceses de la empresa deben tener el carácter de involuntarios**, y realizados de conformidad con lo establecido en el art. 51 del Estatuto de los Trabajadores y su normativa de desarrollo, con todas las consecuencia y efectos que tales extinciones producen en orden al reconocimiento de posibles prestaciones"».

En ese mismo sentido, la previa sentencia del Tribunal Supremo de 24 de octubre de 2006, en recurso n.° 4453/2006, ECLI:ES:TS:2006:6920, ya apuntaba lo siguiente:

«(...) con independencia de que hubiera en el marco del ERE un acuerdo sobre prejubilaciones, lo cierto es que el cese del actor está dentro de las extinciones autorizadas en el expediente. Por ello, el contrato no se ha extinguido "por la libre voluntad del trabajador que decide poner fin a la relación". Por el contrario, **el contrato se ha extinguido por una causa por completo independiente de la voluntad del trabajador; en concreto, por una causa económica, técnica, organizativa o productiva, que ha sido constatada por la Administración y que ha determinado un despido colectivo** autorizado, como se recoge en los hechos probados 2° y 3°, en los que consta la extinción del contrato de trabajo y la opción del trabajador por la prejubilación, pero en el marco de la extinción de los contratos autorizada en el ERE. La propia fundamentación de la sentencia recurrida lo afirma con valor fáctico cuando señala que el cese del demandante se produjo al estar incluido en el ERE 48/1997, conforme al desglose de trabajadores afectados. (...) Es cierto que **la opción por la prejubilación ha sido voluntaria, pero eso no significa que el cese lo sea.** En el régimen actual de los despidos colectivos se viene admitiendo una práctica administrativa, en virtud de la cual los trabajadores afectados por un despido colectivo pueden determinarse: 1°) de forma directa y nominal en la propia resolución administrativa, 2°) por el empresario sin una aceptación previa de la designación por el trabajador y 3°) por el empresario con una aceptación previa del trabajador, que se acoge así a determinadas contrapartidas previstas en el plan social. En cualquiera de estos casos el cese es involuntario para el trabajador. Esta conclusión es obvia en los primeros supuestos, pues la voluntad del trabajador no interviene de ninguna forma en el cese. Pero tampoco hay voluntariedad en el tercer supuesto, porque el cese sigue produciéndose como consecuencia de una causa independiente de la voluntad del trabajador y lo único que sucede es que la concreción de esa causa sobre uno de los trabajadores afectados se realiza teniendo en cuenta la voluntad de éstos. Puede haber voluntariedad en la fase de selección de los afectados, pero no la hay en la causa que determina el cese. Si el actor no hubiese aceptado la prejubilación, el mismo u otro trabajador hubiera tenido que cesar para completar el número de extinciones autorizadas. En el presente caso, de los términos de la resolución administrativa que autoriza el expediente de regulación de empleo se deduce que la conformidad de los trabajadores afectados se produjo antes de la autorización administrativa. Pero este dato no afecta a la voluntariedad de la causa extintiva, que es el elemento decisivo en orden a la calificación del cese. Por el contrario, la selección de los afectados por éste, sea anterior o posterior al acto administrativo de autorización del despido colectivo, es irrelevante para calificar la causa extintiva».

La primera de estas dos sentencias mencionadas, por otra parte, se cita también en la sentencia de la Audiencia Nacional de 12 de mayo de 2022, en recurso n.º 905/2019, ECLI:ES:AN:2022:2252, para indicar que su razonamiento se «*refiere a los casos en que el trabajador opta voluntariamente por la adscripción a alguna de las medidas recogidas en el ERE, tal y como se desprende del caso concreto analizado en ella. En efecto, tras declarar que las bajas mediante prejubilaciones habidas con ocasión de un ERE tienen carácter de involuntarias, examina la aplicación del artículo 7 e) LIRPF, llegando a la conclusión de que procede la exención contemplada en el mismo*». Sin embargo, para la Audiencia Nacional dicha conclusión «*no es trasladable a aquellos supuestos en los que, como aquí sucede, el trabajador, aún incluido formalmente en el ERE, no se adhiere al sistema propuesto en el mismo, sino que se acoge a unas medidas distintas, pactadas con la empresa al margen del ERE y más beneficiosas que las previstas en el mismo para el resto de los trabajadores*».

Por lo demás, en el caso de que la indemnización por despido que se perciba exceda del importe exento, **el exceso quedará sujeto y no exento** de IRPF. Tributará como **rendimiento del trabajo** por aplicación del artículo 17.1 de la LIRPF y, en su caso, **podría resultar de aplicación la reducción del 30 %** que establece el artículo 18.2 de la LIRPF cuando efectivamente pueda hablarse de **rendimientos con período de generación superior a dos años** y concurran los requisitos para la reducción (que **no se perciban en forma de renta**, que se imputen en un único período impositivo y que concurran las demás condiciones necesarias, con especial mención de lo señalado en el artículo 12.2 del RIRPF en caso de fraccionamiento).

> **RESOLUCIÓN RELEVANTE**
>
> **Sentencia del Tribunal Supremo n.º 1189/2020, de 21 de septiembre, ECLI:ES:TS:2020:3063**
>
> **Asunto: posibilidad de aplicar la reducción por irregularidad al exceso no exento de la indemnización percibida en el marco de un ERE.**
>
> «*(...) lo primero que hemos de señalar es que no procede responder a la segunda parte de la cuestión con interés casacional puesto que, en este caso, la extinción del contrato, como hemos sostenido finalmente, no ha sido voluntario sino producto de un despido colectivo. Sí responderemos a la primera parte de la cuestión diciendo que al exceso abonado sobre la indemnización legal al trabajador incluido en un expediente de regulación de empleo en el que éste sólo se adhiere a las condiciones*

previamente negociadas entre empresa y la representación legal de los trabajadores, resulta aplicable la reducción prevista en el artículo 18.2 de la Ley del IRPF cuando cumpla las condiciones previstas en él, particularmente, que los rendimientos percibidos no se obtengan de forma periódica o recurrente».

Cantidades que la empresa satisfaga para financiar el convenio especial con la Seguridad Social

Cuando, en el marco de la extinción del contrato de trabajo por prejubilación, se suscriba un convenio especial con la Seguridad Social, la empresa será la que normalmente corra con los pagos correspondientes al mismo. El tratamiento de esas cantidades abonadas por la empresa en el IRPF del prejubilado será diferente en función de a quién le corresponda la obligación de cotizar.

La situación de convenio especial con la Seguridad Social se regula en la Orden TAS/2865/2003, de 13 de octubre. Con carácter general, su suscripción tiene un carácter voluntario, aunque en determinados supuestos es obligatoria (ciertos despidos colectivos, como luego se verá). Por lo demás, en principio, el artículo 8 de la orden señala que será sujeto responsable del cumplimiento de la obligación de cotizar a la Seguridad Social el comprometido en el convenio especial a abonar a su cargo el importe de la cuota correspondiente, en los términos que establezca el convenio, y, en su caso, aquel a quien se imponga expresamente dicha obligación en la propia orden o en otra norma específica.

Ahora bien, en el ámbito de los despidos colectivos existen ciertas particularidades. No en vano, el artículo 51.9 del ET determina que, cuando se trate de procedimientos de **despidos colectivos de empresas no incursas en procedimiento concursal, que incluyan trabajadores con 55 o más años de edad que no tuvieren la condición de mutualistas el 1 de enero de 1967**, existirá la **obligación de abonar las cuotas destinadas a la financiación de un convenio especial** respecto de esos trabajadores, según establecen la disposición adicional decimotercera de la LGSS y el artículo 20 de la Orden TAS/2865/2003, de 13 de octubre.

En este tipo concreto de convenio especial, según especifica la disposición adicional decimotercera de la LGSS, las cotizaciones abarcarán el período comprendido entre la fecha en que se produzca el cese en el trabajo o, en su caso, en que cese la obligación de cotizar por extinción de la prestación por desempleo contributivo, y la fecha en la que el trabajador cumpla la edad de jubilación, en los términos que indica el precepto. De ese régimen, por lo que aquí interesa, habría que destacar dos reglas básicas:

- Las cotizaciones correspondientes al convenio serán **a cargo del empresario** hasta la fecha en que el trabajador cumpla los **63 años**, salvo en los casos de expedientes de despido colectivo por causas económicas, en los que dicha obligación se extenderá hasta el cumplimiento, por parte del trabajador, de los **61 años**.

- A partir del **cumplimiento por parte del trabajador de las edades** que acaban de indicarse, las aportaciones al convenio especial serán obligatorias y **a su exclusivo cargo**, debiendo ser ingresadas, en los términos previstos en la normativa reguladora del convenio especial, hasta el cumplimiento de la edad ordinaria de jubilación o hasta la fecha en la que, en su caso, acceda a la jubilación anticipada (sin perjuicio de ciertas especialidades que se prevén para los casos en los que, durante el período de cotización a cargo del empresario, el trabajador realizase alguna otra actividad por la que cotice a la Seguridad Social).

A la vista de todo ello, cabe concluir lo siguiente:

- Cuando las cotizaciones sean **a cargo exclusivo del empresario, no tendrán incidencia en el IRPF del prejubilado** (ni como ingreso ni como gasto deducible).

- Por el contrario, en aquellos supuestos en los que **la obligación de pago de las cotizaciones corresponda al trabajador y la empresa abone esos importes**, dichas cantidades constituirán para el prejubilado un **rendimiento del trabajo en especie**, de acuerdo con el artículo 17.1 de la LIRPF. Ahora bien, si, en estos casos, lo que hace la empresa es entregar al trabajador importes en metálico para que este haga frente a las cuotas de la Seguridad Social, no existirá rendimiento del trabajo en especie, sino una renta dineraria conforme al artículo 42.1 de la LIRPF. Los rendimientos del trabajo se computarán en su totalidad, sin que proceda la exención de las indemnizaciones por despido o cese del artículo 7.e) de la LIRPF ni la reducción prevista en el artículo 18.2 de la LIRPF. Ahora bien, el trabajador sí podrá incluir los importes como **gasto deducible** [artículo 19.2.a) de la LIRPF].

En ese sentido se pronuncian, por ejemplo, las consultas vinculantes de la Dirección General de Tributos (V0280-19), de 13 de febrero de 2019, o (V1671-19), de 8 de julio de 2019.

RESOLUCIÓN ADMINISTRATIVA

Consulta vinculante de la Dirección General de Tributos (V0445-20), de 26 de febrero de 2020

Asunto: tratamiento en el IRPF de las aportaciones que la empresa siga realizando al plan de pensiones en relación con el trabajador prejubilado con extinción del contrato de trabajo en el marco de un despido colectivo.

«El artículo 17.1.e) de la LIRPF considera rendimientos del trabajo:

"e) Las contribuciones o aportaciones satisfechas por los promotores de planes de pensiones previstos en el texto refundido de la Ley de regulación de los planes y fondos de pensiones, aprobado por el Real Decreto Legislativo 1/2002, de 29 de noviembre..."

Por su parte, el artículo 43.1.e) determina que los rendimientos del trabajo en especie, en este caso, se valorarán "por su importe, las contribuciones satisfechas por los promotores de plan de pensiones...".

Por último, el artículo 102.2 del RIRPF establece:

"2. No existirá obligación de efectuar ingresos a cuenta respecto a las contribuciones satisfechas por los promotores de planes de pensiones..."

En consecuencia, las contribuciones empresariales al plan de pensiones de empleo que realice la entidad promotora del plan tendrán la calificación tributaria de

> *rendimientos íntegros del trabajo en especie, que se valorarán por su importe y no estarán sujetos a ingreso a cuenta.*
>
> *Por otra parte, el artículo 51.1.1º de la LIRPF dispone que podrán reducirse en la base imponible general:*
>
> *"1º. Las aportaciones realizadas por los partícipes a planes de pensiones, incluyendo las contribuciones del promotor que le hubiesen sido imputadas en concepto de rendimiento del trabajo."*
>
> *Por tanto, la consultante podrá reducir en la base imponible general del Impuesto las contribuciones empresariales imputadas, teniendo en cuenta los límites máximos de reducción regulados en los artículos 50 y 52 de la LIRPF».*

Fiscalidad en el IRPF cuando la prejubilación con extinción del contrato de trabajo se produce por mutuo acuerdo

Cuando la prejubilación con extinción del contrato de trabajo se produzca por mutuo acuerdo entre las partes, las consecuencias económicas y el funcionamiento del acuerdo de prejubilación serán análogas a las que acaban de verse para los supuestos de ausencia de acuerdo. Sin embargo, su fiscalidad será distinta.

Por una parte, el **importe económico compensatorio que la empresa abone al prejubilado** se calificará a efectos del IRPF de este como **rendimiento del trabajo**, de acuerdo con el artículo 17.1 de la LIRPF; pero podrá tener un carácter regular o irregular. Cuando se abone de manera periódica, constituirá una renta regular. Sin embargo, si se percibe en un cobro único, podrá tratarse de una renta irregular y podría aplicarse la reducción del 30 % del artículo 18.2 de la LIRPF si se imputa en un único período impositivo y concurren los restantes requisitos para ello.

> **A TENER EN CUENTA**. Frente a lo que sucedía en el epígrafe anterior, en este caso, el rendimiento sí podría encajar en el supuesto del artículo 12.1.f) del RIRPF, que considera como rendimientos del trabajo obtenidos de forma notoriamente irregular en el tiempo las cantidades satisfechas por la empresa a los trabajadores por la resolución de mutuo acuerdo de la relación laboral.

Como contrapartida, ese carácter pactado de la extinción contractual impediría que la **indemnización por cese** pudiera beneficiarse de la exención prevista en el artículo 7.e) de la LIRPF. Constituiría un rendimiento del trabajo **sujeto y no exento**, pudiendo proceder la reducción del artículo 18.2 de la LIRPF si concurren los requisitos.

Finalmente, en lo que respecta a las **cantidades que la empresa satisfaga para financiar el convenio especial con la Seguridad Social**, el tratamiento sería el ya visto en el epígrafe anterior (al que nos remitimos), dependiendo de quién sea el sujeto obligado al pago de las cotizaciones sociales.

RESOLUCIONES ADMINISTRATIVAS

Consulta vinculante de la Dirección General de Tributos (V1139-24), de 23 de mayo de 2024

Asunto: ¿cabe la reducción del artículo 18.2 de la LIRPF si en una prejubilación con extinción del contrato de trabajo por mutuo acuerdo se abonan al trabajador una compensación mensual hasta que cumplan 63 años y cierto importe como compensación en pago único al alcanzar esa edad?

«(...) en el caso consultado nos encontramos ante el supuesto recogido en la letra f) —cantidades satisfechas por la empresa a los trabajadores por la resolución de mutuo acuerdo de la relación laboral—; ahora bien, a pesar de su inclusión entre los supuestos calificados reglamentariamente como obtenidos de forma notoriamente irregular en el tiempo, no se cumpliría la exigencia de imputación en un único período impositivo, pues el acuerdo de extinción de la relación laboral suscrito por el consultante con la empresa incluye no solo la cantidad de pago único objeto de consulta, sino también una compensación mensual a percibir hasta que el consultante cumpla los 63 años de edad y una prima de adhesión al plan. En consecuencia, al no cumplirse la exigencia normativa de imputación en un único período impositivo, la reducción del 30 por 100 no será aplicable».

Consulta vinculante de la Dirección General de Tributos (V0122-21), de 28 de enero de 2021

Asunto: imposibilidad de aplicar la reducción del artículo 18.2 de la LIRPF por la compensación mensual a abonar a lo largo de varios años a un trabajador prejubilado en el marco de un «programa de prejubilaciones de adscripción voluntaria».

«(...) el complemento que percibe el trabajador con motivo de la prejubilación tiene la naturaleza de rendimiento del trabajo.

(...)

*Del examen de la documentación aportada parece desprenderse que la extinción de la relación laboral del consultante no se produce en virtud de un despido colectivo, sino que se trata de una **resolución de mutuo acuerdo de la relación laboral,** por lo que **no resultará aplicable la exención** prevista en el artículo 7 e) de la LIRPF, debiendo tributar las cantidades percibidas por el consultante como rendimientos del trabajo en el IRPF.*

Respecto a una posible aplicación de la reducción del 30 por ciento prevista en el artículo 18.2.a) de LIRPF, dicho artículo establece que se aplicará este porcentaje de reducción (...)

*Dado que los rendimientos percibidos por el consultante **no se imputan en un único periodo impositivo,** no les resultarán de aplicación la reducción del 30 por ciento prevista en el artículo 18.2.a) de la LIRPF».*

8.
LA REDUCCIÓN EN IRPF POR RENDIMIENTOS DEL TRABAJO IRREGULARES (ART. 18.2 DE LA LIRPF)

La reducción en IRPF por rendimientos del trabajo irregulares y su importancia cuando se cobran indemnizaciones por cese no exentas (en todo o en parte)

Las rentas del trabajo irregulares, entendidas en un sentido amplio como aquellas que se perciben de forma no regular o «aperiódica», pueden recibir un tratamiento especial en el IRPF en determinados casos.

En general, cuando hablamos de rendimientos irregulares nos estamos refiriendo a una serie de supuestos en los que un determinado rendimiento se va generando a lo largo de distintos períodos impositivos, hasta que finalmente aflora en un ejercicio. De modo que, si se imputase a ese ejercicio íntegramente y sin ninguna particularidad, como si de una renta regular se tratase, se produciría un incremento exponencial de la tarifa del IRPF, dada la progresividad que lo preside. Por ello, la normativa fiscal arbitra un mecanismo para corregir o mitigar esa progresividad del impuesto: la **reducción por irregularidad** prevista en el artículo 18 de la LIRPF.

Esta reducción **puede resultar particularmente interesante para las indemnizaciones por despido o cese que no queden exentas de IRPF** y deban someterse a gravamen por el impuesto, **en todo o en parte**. Y es que, no en vano, en aquellos casos en los que no proceda la exención (por ejemplo, por existir mutuo acuerdo) o en los que la indemnización supere el importe exento, esta reducción podría rebajar la factura fiscal, siempre que se cumplan todos los requisitos a los que se condiciona, como veremos.

RESOLUCIÓN ADMINISTRATIVA

Consulta vinculante de la Dirección General de Tributos (V1913-25), de 15 de octubre de 2025

Asunto: posibilidad de aplicar la reducción del artículo 18.2 de la LIRPF a la cantidad percibida por extinción de mutuo acuerdo de la relación laboral.

«De conformidad con la consulta planteada, la finalización de la relación laboral de la consultante no se produce en virtud de un despido, sino que se trata de una

resolución de mutuo acuerdo de la relación laboral, por lo que no resulta aplicable la exención prevista en el citado artículo 7 e) de la LIRPF, debiendo tributar las cantidades percibidas por la consultante como rendimientos del trabajo de acuerdo con el artículo 17 de la LIRPF.

Respecto a una posible aplicación de la reducción por irregularidad a la indemnización por extinción de la relación laboral, el apartado 2 del artículo 18 de la LIRPF (...)

(...)

*(...) la indemnización que perciba la consultante deriva de la resolución de mutuo acuerdo de la relación laboral y, por tanto, tendrá la consideración de **rendimiento del trabajo obtenido de forma notoriamente irregular en el tiempo**. En consecuencia, si dicha indemnización se imputa en un único periodo impositivo, lo que ocurrirá en caso de que se abone mediante un único pago como señala en su escrito, le resultará de aplicación la reducción del 30 por ciento prevista en el artículo 18.2 de la LIRPF. Por el contrario, si dicha indemnización se abona de forma fraccionada, tal y como también plantea, dicha reducción no resultará de aplicación, puesto que habrá de imputarse de forma fraccionada en varios períodos impositivos.*

En este punto, debe señalarse que la cuantía del rendimiento íntegro sobre la que se aplique, en su caso, según lo expuesto anteriormente, la citada reducción no podrá superar el importe de 300.000 euros anuales, límite que se aplica de forma conjunta a los rendimientos de cada año a los que se les aplique la reducción, así como el límite anteriormente señalado, en caso de que la indemnización esté comprendida entre 700.000,01 euros y 1.000.000 de euros».

|| Las reducciones de los apartados 2 y 3 del artículo 18 de la LIRPF

Como regla general, los rendimientos íntegros del trabajo se computarán en su totalidad, salvo que les resulte de aplicación alguno de los porcentajes de reducción que establecen los apartados 2 y 3 del artículo 18 de la LIRPF. Apartados que recogen, en concreto, las siguientes reducciones:

- Conforme al apartado 2 del precepto, podrá aplicarse una reducción del **30 %** en el caso de **rendimientos íntegros distintos de los previstos en el artículo 17.2.a) de la LIRPF** que tengan un **período de generación superior a dos años**, así como aquellos que **se califiquen reglamentariamente como obtenidos de forma notoriamente irregular en el tiempo**; cuando, en ambos casos (y sin perjuicio de cierta particularidad que luego se verá) se imputen en un único período impositivo. Se trata de una reducción que se somete a determinados requisitos y límites.

- Por otra parte, el artículo 18.3 de la LIRPF prevé una reducción del **30 %** para las **prestaciones establecidas en las reglas 1.ª y 2.ª del artículo 17.2.a) de la LIRPF que se perciban en forma de capital**, siempre que hayan transcurrido más de **dos años** desde la primera aportación; aunque se indica que «*el plazo de dos años no resultará exigible en el caso de prestaciones por invalidez*». Esta reducción resultará aplicable a las prestaciones en forma de capital consistentes en una percepción de pago único. En el caso de prestaciones mixtas, que combinen rentas de cualquier tipo con un único cobro en forma de capital, las reducciones referidas solo resultarán aplicables al cobro efectuado en forma de capital.

A TENER EN CUENTA. Dichos porcentajes de reducción no resultarán de aplicación cuando la prestación de perciba en forma de renta y tampoco cabrá ninguna de las dos reducciones con respecto a las contribuciones empresariales imputadas que reduzcan la base imponible, de acuerdo con lo dispuesto en los artículos 51, 53 y en la disposición adicional undécima de la LIRPF.

CUESTIÓN

¿A qué prestaciones resulta de aplicación la reducción del artículo 18.3 de la LIRPF?

Según su propio tenor, resultará de aplicación a las prestaciones establecidas en las reglas 1.ª y 2.ª del artículo 17.2.a) de la LIRPF, cuando se perciban en forma de capital, en los términos y condiciones que indica la norma. Dichas reglas se refieren a las siguientes prestaciones:

– Las pensiones y haberes pasivos percibidos de los regímenes públicos de la Seguridad Social y clases pasivas y demás prestaciones públicas por situaciones de incapacidad, jubilación, accidente, enfermedad, viudedad, o similares, sin perjuicio de aquellas que queden exentas conforme al artículo 7 de la LIRPF.

– Las prestaciones percibidas por los beneficiarios de mutualidades generales obligatorias de funcionarios, colegios de huérfanos y otras entidades similares.

Especial estudio de la reducción por rendimientos con período de generación superior a dos años u obtenidos de forma notoriamente irregular

En los siguientes epígrafes nos centraremos en el estudio de la primera de las reducciones antes mencionadas, prevista en el apartado 2 del artículo 18 de la LIRPF. Veremos qué condiciones o requisitos han de darse para que proceda y cuáles son sus límites. Sin embargo, como primer paso, conviene deslindar qué tipo de rendimientos podrán beneficiarse de ella:

• Los rendimientos con período de generación superior a dos años que se imputen en un único período impositivo.

• Los rendimientos obtenidos de forma notoriamente irregular en el tiempo que se imputen en un único período impositivo.

¿Qué son los rendimientos del trabajo con período de generación superior a dos años?

Según antes se indicó, la reducción por irregularidad busca evitar el exponencial incremento de la tarifa del IRPF que supondría gravar el rendimiento irregular en el período impositivo en el que aflore, sin ninguna consideración adicional, como si de una renta periódica o regular se tratase.

Ahora bien, la reducción no puede aplicarse de una manera general a todo tipo de renta que pueda tener el carácter de irregular. Únicamente procederá cuando el desfase entre la realidad económica y la fiscal supere determinados límites temporales: **podrán ser objeto de reducción los rendimientos del trabajo con período de generación superior a dos años que se imputen en un único período impositivo** (aunque en ciertos términos también se permite para las indemnizaciones por extinción de la relación laboral que se cobren de manera fraccionada en varios ejercicios). Por lo tanto, si el rendimiento tiene un período de generación más amplio que el año natural, pero inferior a dos años, aunque en realidad desde un punto de vista conceptual podría hablarse de renta irregular, no cabría la reducción del artículo 18.2 de la LIRPF.

Así, por ejemplo, puede resultar de interés lo apuntado por la sentencia del Tribunal Superior de Justicia de Madrid n.º 146/2019, de 13 de febrero, ECLI:ES:TSJM:2019:576:

> «(...) el primero de los presupuestos que contempla la Ley para considerar si estamos ante un rendimiento regular o irregular, es la vinculación al tiempo en que se ha ido generando. Tal como se estableció en la sentencia relativa al recurso 99/2008, Ponente Sr. Gandarillas Martos, **no debemos confundir periodo de generación del rendimiento con derecho a su percepción**, ni con la forma en que se fija y cuantifica su importe.
>
> (...) serán irregulares aquellos rendimientos que se han ido generando y produciendo a lo largo de diversos periodos impositivos, pero que no fueron objeto de retribución en su momento, bien porque se trataba de rendimiento latentes o porque no eran líquidos o liquidables cuando se produjeron. El ejemplo más claro lo tenemos en los casos en que se retribuye al trabajador por los objetivos conseguidos, por planes específicos de actuación, por rendimientos empresariales o planes de opciones sobre valoración de acciones. En estos casos los rendimientos, desde un punto exclusivamente económico, se han ido produciendo a lo largo de un periodo de tiempo, más o menos prolongado, y sólo al final de su término es posible su cuantificación y por consiguiente su retribución.
>
> Desde el punto de vista tributario y por el sistema de fragmentación temporal del devengo por periodos impositivos en el IRPF, el periodo de generación del rendimiento no tiene por qué coincidir con la ficción fiscal. Cuando este desfase entre realidad de económica y fiscal supera determinados límites, el Legislador ha optado por aplicar determinadas reducciones para mitigar el rigor de la tarifa progresiva, cuando la retribución no percibida se recibe en un determinado periodo impositivo no coincidente con el de su generación.
>
> En estos casos, siempre que sean más de dos los periodos impositivos de generación del rendimiento, en el momento en que se produzca su efectiva percepción se consideran irregulares y se les aplica la reducción».

Así las cosas, el artículo 18.2 de la LIRPF establece que se aplicará una **reducción del 30 %** del importe de los rendimientos íntegros del trabajo distintos de los previstos en el artículo 17.2.a) de la LIRPF (**distintos de los derivados de sistemas de previsión social**) que **tengan un período de generación superior a dos años**, siempre que concurran dos requisitos básicos:

- Que **se imputen en un único período impositivo**.
- Que, en el plazo de los **cinco períodos impositivos anteriores** a aquel en el que resulten exigibles, el contribuyente no hubiera obtenido otros rendimientos con período de generación superior a dos años, a los que hubiera aplicado la reducción.

Cuando se trate de **rendimientos derivados de la extinción de una relación laboral**, común o especial, se prevén ciertas particularidades para la reducción:

- Se considerará como período de generación el **número de años de servicio del trabajador**.

- La reducción podrá aplicarse también cuando **se cobren de forma fraccionada**, en ciertos términos. En estos casos en los que se cobren de forma fraccionada, el cómputo del período de generación deberá tener en cuenta el número de años de fraccionamiento. En concreto, el artículo 12.2 del RIRPF señala que, tratándose de rendimientos del trabajo procedentes de indemnizaciones por extinción de la relación laboral con un período de generación superior a dos años que se perciban de forma fraccionada, solo será aplicable la reducción del 30 % del artículo 18.2 de la LIRPF cuando el cociente resultante de dividir el número de años de generación, computados de fecha a fecha, entre el número de períodos impositivos de fraccionamiento, sea superior a dos.

- Además, con respecto a estos rendimientos derivados de la extinción de una relación laboral, **podrá aplicarse la reducción**, aunque en el plazo de los **cinco períodos impositivos anteriores** se hubieran obtenido otros rendimientos con período de generación superior a dos años, a los que se hubiera aplicado la reducción prevista en este apartado.

CUESTIÓN

¿Existe algún régimen transitorio para aplicar la reducción por rendimientos irregulares?

Sí, la **disposición transitoria vigésima quinta de la LIRPF** establece un régimen transitorio para la aplicación de la reducción con respecto a determinados rendimientos del trabajo:

«1. El límite de la reducción previsto en el artículo 18.2 de esta Ley para la extinción de relaciones laborales o mercantiles no se aplicará a los rendimientos del trabajo que deriven de extinciones producidas con anterioridad a 1 de enero de 2013.

2. Los rendimientos del trabajo procedentes de indemnizaciones por extinción de la relación mercantil a que se refiere el artículo 17.2 e) de esta Ley con período de generación superior a dos años, podrán aplicar la reducción prevista en el apartado 2 del artículo 18 de esta Ley cuando el cociente resultante de dividir el número de años de generación, computados de fecha a fecha, entre el número de períodos impositivos de fraccionamiento, sea superior a dos, siempre que la fecha de la extinción de la relación sea anterior a 1 de agosto de 2014.

3. Los rendimientos distintos de los procedentes de indemnizaciones por extinción de la relación laboral, común o especial, o de la relación mercantil a que se refiere el artículo 17.2 e) de esta Ley, que se vinieran percibiendo de forma fraccionada con anterioridad a 1 de enero de 2015 con derecho a la aplicación de la reducción prevista en los artículos 18.2, 23.3 26.2 y 32.1 de la Ley del Impuesto en su redacción en vigor a 31 de diciembre de 2014, podrán seguir aplicando la reducción prevista, respectivamente, en los artículos 18.2, 23.3, 26.2 y 32.1 de esta Ley a cada una de las fracciones que se imputen a partir de 1 de enero de 2015, siempre que el cociente resultante de dividir el número de años de generación, computados de fecha a fecha, entre el número de períodos impositivos de fraccionamiento, sea superior a dos.

En relación con rendimientos previstos en el párrafo anterior derivados de compromisos adquiridos con anterioridad a 1 de enero de 2015 que tuvieran previsto el inicio de su percepción de forma fraccionada en períodos impositivos que se inicien a partir de dicha fecha, la sustitución de la forma de percepción inicialmente acordada por su percepción en un único período impositivo no alterará el inicio del período de generación del rendimiento.

4. En el caso de los rendimientos del trabajo que deriven del ejercicio de opciones de compra sobre acciones o participaciones por los trabajadores que hubieran sido concedidas con anterioridad a 1 de enero de 2015 y se ejerciten transcurridos más de dos años desde su concesión, si, además, no se concedieron anualmente, podrán aplicar la reducción prevista en el apartado 2 del artículo 18 de esta Ley aun cuando en el plazo de los cinco períodos impositivos anteriores a aquél en el que se ejerciten, el contribuyente hubiera obtenido otros rendimientos con período de generación superior a dos años a los que hubiera aplicado la reducción prevista en dicho apartado. En este caso será de aplicación el límite previsto en el número 1.º de la letra b) del apartado 2 del artículo 18 de esta Ley en su redacción, en vigor a 31 de diciembre de 2014, a los rendimientos del trabajo derivados de todas las opciones de compra concedidas con anterioridad a 1 de enero de 2015».

RESOLUCIONES ADMINISTRATIVAS

Resolución del Tribunal Económico-Administrativo Central n.º 8822/2023, de 21 de octubre de 2024

Asunto: aplicación de la reducción por plurianualidad del artículo 18.2 de la LIRPF en caso de prestaciones por desempleo percibidas en pago único y posterior incumplimiento de los requisitos para la exención.

«Si hay que tributar por el Impuesto sobre la Renta de las Personas Físicas en razón de lo recibido por la prestación contributiva por desempleo en forma de «pago único», cuando el importe así percibido traiga como causa última el haber tenido **un período de ocupación cotizada de más de dos años,** *a ese importe cabrá aplicarle la reducción por plurianualidad que contempla el art. 18.2 de la Ley 35/2006, de 28 de noviembre, del Impuesto sobre la Renta de las Personas Físicas y de modificación parcial de las leyes de los Impuestos sobre Sociedades, sobre la Renta de no Residentes y sobre el Patrimonio».*

Consulta vinculante de la Dirección General de Tributos (V2119-13), de 26 de junio de 2013

Asunto: ¿qué se entiende, en general, por período de generación a los efectos de la reducción por irregularidad?

«(...) para que exista un período de tiempo durante el que se ha producido un determinado rendimiento se hace necesario que el derecho a percibirlo exista con anterioridad al momento en que se percibe efectivamente dicho rendimiento. En consecuencia, el período de generación vendría representado por el tiempo que ha debido transcurrir desde el inicio de la existencia del derecho hasta que éste se materializa, produciéndose el devengo del rendimiento».

Consulta vinculante de la Dirección General de Tributos (V1689-25), de 18 de septiembre de 2025

Asunto: posibilidad de aplicar la reducción del artículo 18.2 de la LIRPF a los salarios de tramitación reconocidos por sentencia judicial que declara la nulidad del despido.

«(...) la reducción contemplada en el artículo 18.2 de la LIRPF, resultará de aplicación a los salarios de tramitación que sean satisfechos por la consultante, de-

terminados de acuerdo con lo expuesto, en la medida que dichos salarios tengan un período de generación superior a dos años. Por tanto, en el caso planteado, al comprender los rendimientos del trabajo analizados, imputables a un único período impositivo, una acumulación que abarca un espacio temporal superior a dos años, se cumple respecto a ellos el requisito de la existencia de un periodo de generación superior a dos años, por lo que la reducción resultará aplicable siempre que los trabajadores no hubieran obtenido en el plazo de los cinco períodos impositivos anteriores otros rendimientos con período de generación superior a dos años a los que hubieran aplicado la reducción».

¿Qué rendimientos del trabajo se califican como obtenidos de forma notoriamente irregular en el tiempo?

También cabrá la reducción del 30 % del artículo 18.2 de la LIRPF cuando se trate de **rendimientos que se califiquen reglamentariamente como obtenidos de forma notoriamente irregular en el tiempo**, siempre que **se imputen en un único período impositivo**.

En ese sentido, el apartado 1 del artículo 12 del RIRPF establece que se consideran rendimientos del trabajo obtenidos de forma notoriamente irregular en el tiempo, **exclusivamente**, los siguientes:

- Las cantidades satisfechas por la empresa a los empleados con motivo del traslado a otro centro de trabajo que excedan de los importes previstos en el artículo 9 del RIRPF.

- Las indemnizaciones derivadas de los regímenes públicos de Seguridad Social o clases pasivas, así como las prestaciones satisfechas por colegios de huérfanos e instituciones similares, en los supuestos de lesiones no invalidantes.

- Las prestaciones satisfechas por lesiones no invalidantes o incapacidad permanente, en cualquiera de sus grados, por empresas y por entes públicos.

- Las prestaciones por fallecimiento, y los gastos por sepelio o entierro que excedan del límite exento de acuerdo con el artículo 7.r) de la LIRPF, de trabajadores o funcionarios, tanto las de carácter público como las satisfechas por colegios de huérfanos e instituciones similares, empresas y por entes públicos.

- Las cantidades satisfechas en compensación o reparación de complementos salariales, pensiones o anualidades de duración indefinida o por la modificación de las condiciones de trabajo.

- Cantidades satisfechas por la empresa a los trabajadores por la resolución de mutuo acuerdo de la relación laboral.

- Premios literarios, artísticos o científicos que no gocen de exención en este impuesto. No se consideran premios, a estos efectos, las contraprestaciones económicas derivadas de la cesión de derechos de propiedad intelectual o industrial o que sustituyan a estas.

RESOLUCIÓN ADMINISTRATIVA

Consulta vinculante de la Dirección General de Tributos (V1837-25), de 13 de octubre de 2025

Asunto: posibilidad de aplicar la reducción del artículo 18.2 de la LIRPF a la compensación percibida por un acuerdo de extinción de la relación laboral, acogiéndose a la jubilación anticipada, si la compensación se percibe de manera fraccionada, en pagos mensuales.

«De conformidad con la consulta planteada se desprende que la finalización de la relación laboral de la consultante, no se produciría en virtud de un despido, sino que se trataría de una resolución de mutuo acuerdo de la relación laboral, por lo que no resulta aplicable la exención prevista en el citado artículo 7 e) de la LIRPF, debiendo tributar las cantidades percibidas por la consultante como rendimientos del trabajo de acuerdo con el artículo 17 de la LIRPF.

Respecto a una posible aplicación de la reducción por irregularidad a la indemnización por extinción de la relación laboral (...)

(...) el artículo 12 del Reglamento del Impuesto, aprobado por el Real Decreto 439/2007, de 30 de marzo (BOE de 31 de marzo), regula la aplicación de la reducción del 30 por ciento a determinados rendimientos del trabajo, y dispone lo siguiente:

"1. Se consideran rendimientos del trabajo obtenidos de forma notoriamente irregular en el tiempo, exclusivamente, los siguientes: dispone que:

(...)

f) Cantidades satisfechas por la empresa a los trabajadores por la resolución de mutuo acuerdo de la relación laboral.

(...)

Respecto de los citados rendimientos, la reducción prevista en el artículo 18.2 de la Ley del Impuesto únicamente será de aplicación cuando se imputen en único período impositivo.

(...)".

Dado que los rendimientos percibidos por la consultante no se imputan en un único periodo impositivo, no les resultarán de aplicación la reducción del 30 por ciento prevista en el artículo 18.2 de la LIRPF».

Condiciones y límites básicos de la reducción del artículo 18.2 de la LIRPF

La reducción del 30 % prevista en el artículo 18.2 de la LIRPF solo procederá cuando los rendimientos en cuestión se perciban en determinadas condiciones y podrá aplicarse conforme a ciertos límites cuantitativos. Básicamente, y a modo de resumen:

• Tendrá que tratarse de **rendimientos del trabajo con período de generación superior a dos años** o que tengan la **calificación legal de obtenidos de forma notoriamente irregular en el tiempo**, en los términos estudiados en los epígrafes previos.

• En el caso de los rendimientos con período de generación superior a dos años, la reducción no podrá aplicarse cuando, en el plazo de los **cinco períodos impositivos anteriores** a aquel en el que resulten exigibles, el contribuyente hubiera obtenido otros rendimientos con período de generación superior a dos años, a los que hubiera aplicado la reducción. Y, ello, con la especialidad ya señalada para los rendimientos derivados de la extinción de una relación laboral, común o especial.

- Los rendimientos han de **imputarse a un único período impositivo**, salvo en el caso de indemnizaciones percibidas por la extinción de una relación laboral obtenidas de forma fraccionada.

- La reducción **no podrá aplicarse cuando la prestación se perciba en forma de renta**.

- La reducción **no se aplicará a las contribuciones empresariales imputadas que reduzcan la base imponible**, de acuerdo con lo dispuesto en los artículos 51, 53 y en la disposición adicional undécima de la LIRPF.

- Se establecen **límites cuantitativos** generales y específicos.

En los epígrafes anteriores ya se abordaron buena parte de estos elementos, por lo que, a continuación, nos limitaremos a profundizar sobre los dos todavía no abordados: el requisito de imputación en un único período impositivo y los límites cuantitativos.

RESOLUCIÓN RELEVANTE

Sentencia del Tribunal Supremo n.º 1245/2025, de 7 de octubre, ECLI:ES:TS:2025:4367

Asunto: el requisito de desvinculación efectiva del trabajador con la empresa no es aplicable para excluir la reducción por rendimientos obtenidos de forma notoriamente irregular en el tiempo cuando la relación laboral se resuelve de mutuo acuerdo.

«(...) no hay una previsión legislativa expresa de desplazamiento o inaplicación de la norma fiscal, con rango de ley, sobre rendimientos irregulares, por el solo hecho, sin añadidos, de que hubiera una ulterior contratación del interesado.

Compartimos, al efecto, la afirmación de que si el legislador hubiera querido excepcionar, en algunos casos, la aplicación de la reducción por rendimientos irregulares, en la hipótesis de concurrir alguna circunstancia excluyente o limitativa, como la que contiene el artículo 1 RIRPF para obstar la exención por despido o cese, la habría previsto sin duda, como límite o causa de exclusión, en el art. 18 LIRPF.

(...)

El requisito de la desvinculación efectiva del trabajador con la empresa que prevé, como presunción iuris tantum, el artículo 1 del Reglamento del IRPF, no es aplicable, fuera de los casos de exención por despido o cese del trabajador - art. 7.e) de la LIRPF - para excluir la reducción de rendimientos obtenidos de forma notoriamente irregular en el tiempo por resolución de mutuo acuerdo de la relación laboral (art. 18.2 LIRPF y 11.1.f) RIRPF)».

|| Límites cuantitativos para aplicar la reducción

La cuantía del rendimiento íntegro sobre la que se aplicará la reducción no podrá superar el importe de **300.000 euros anuales**.

Sin embargo, y sin perjuicio de ese límite general, se establecen una serie de **límites cuantitativos específicos** para los supuestos en los que los rendimientos del trabajo deriven de la **extinción de la relación laboral, común o especial, o de la relación mercantil** a que se refiere el artículo 17.2.e) de la LIRPF (administradores y miembros de los consejos de administración y demás miembros de otros órganos representativos), o de ambas:

- Si el importe de esos rendimientos está comprendido entre **700.000,01 euros y 1.000.000 de euros**, la cuantía del rendimiento sobre la que se aplicará la reducción no podrá superar el importe que resulte de **minorar 300.000 euros en la diferencia entre la cuantía del rendimiento y 700.000 euros**.

- Cuando su importe fuera **igual o superior a 1.000.000 de euros**, la cuantía de los rendimientos sobre la que se aplicará la reducción del 30 % será **cero**.

A estos efectos, la cuantía total del rendimiento del trabajo a computar vendrá determinada por la **suma aritmética de los rendimientos del trabajo anteriormente indicados procedentes de la propia empresa o de otras empresas del grupo** de sociedades en las que concurran las circunstancias previstas en el artículo 42 del Código de Comercio, con independencia del período impositivo al que se impute cada rendimiento.

> **A TENER EN CUENTA**. La disposición transitoria vigésima quinta de la LIRPF establece que el límite de la reducción previsto en el artículo 18.2 de la LIRPF para la extinción de relaciones laborales o mercantiles no se aplicará a los rendimientos del trabajo que deriven de extinciones producidas con anterioridad a 1 de enero de 2013. Recomendamos consultar la cuestión del apartado «Las rentas con período de generación superior a dos años» para conocer otras particularidades que a este respecto puede suponer el régimen transitorio que configura esa disposición.

La necesidad de que los rendimientos del trabajo a reducir se imputen en un único período impositivo

Tanto en el caso de los rendimientos del trabajo con período de generación superior a dos años como en el de los calificados como obtenidos de forma notoriamente irregular en el tiempo, el artículo 18.2 de la LIRPF exige que «*se imputen en un único período impositivo*» para que pueda aplicarse la reducción del 30 %.

Asimismo, como regla general, la reducción no resultará de aplicación a los rendimientos que tengan un período de generación superior a dos años cuando, en el plazo de los cinco períodos impositivos anteriores a aquel en el que resulten exigibles, el contribuyente hubiera obtenido otros rendimientos con período de generación superior a dos años, a los que hubiera aplicado la reducción.

Sin embargo, para ambas condiciones existiría una excepción, referida a las **indemnizaciones percibidas por la extinción de una relación laboral obtenidas de forma fraccionada**. No en vano, tratándose de rendimientos derivados de la extinción de una relación laboral, común o especial, se considerará como período de generación el número de años de servicio del trabajador. En caso de que estos rendimientos se cobren de forma fraccionada, el cómputo del período de generación deberá tener en cuenta el número de años de fraccionamiento, en los términos que establece el artículo 12.2 del RIRPF. Estos rendimientos, por otra parte, no se tendrán en cuenta a efectos de lo señalado en el párrafo anterior.

> **A TENER EN CUENTA**. Según el artículo 12.2 del RIRPF, en el caso de rendimientos del trabajo procedentes de indemnizaciones por extinción de la relación laboral con un período de generación superior a dos años que se perciban de forma fraccionada, o de rendimientos distintos de los anteriores a los que se refiere la disposición transitoria vigesimoquinta de la LIRPF, solo será aplicable la reducción cuando el cociente resultante de dividir el número de años de generación, computados de fecha a fecha, entre el número de períodos impositivos de fraccionamiento, sea superior a dos.

Así las cosas, cuando se trate de una indemnización por despido, **sí va a poder aplicarse la reducción aunque se haya aplicado en los cinco períodos anteriores.** Así lo señala, por ejemplo, la consulta vinculante de la Dirección General de Tributos (V3183-23), de 11 de diciembre de 2023, que indica que *«al tratarse de una indemnización por despido, procederá la aplicación de la reducción conforme a lo dispuesto en el artículo 18.2 de la Ley del Impuesto, con independencia de que en los cinco períodos impositivos anteriores a aquél en el que se haya satisfecho la indemnización, el empleado haya percibido o no rendimientos con un período de generación superior a dos años a los que les hubiera aplicado la citada reducción».*

Por lo demás, la percepción de varios rendimientos con período de generación superior a dos años en un mismo ejercicio no impide la aplicación de la reducción del 30 %, siempre que se imputen en un único ejercicio y no se hubiera obtenido otro rendimiento con período de generación superior a cinco años por el que se hubiera aplicado la citada reducción.

> **A TENER EN CUENTA**. Recomendamos consultar la cuestión del apartado «Las rentas con período de generación superior a dos años» para conocer otras particularidades que a este respecto puede suponer el régimen transitorio que, para ciertos rendimientos del trabajo, configura la disposición transitoria vigésima quinta de la LIRPF.

> **RESOLUCIÓN ADMINISTRATIVA**
>
> **Consulta vinculante de la Dirección General de Tributos (V1183-25), de 1 de julio de 2025**
>
> **Asunto: ¿cabría modificar la declaración anterior en la que se había aplicado la reducción del artículo 18.2 de la LIRPF?**
>
> *«(...) plantea la empresa consultante la operatividad de la exclusión de la reducción cuando —en el plazo de los cinco períodos impositivos anteriores a aquel en que resulten exigibles los rendimientos sobre los que proceda y se quiera aplicar la reducción— el contribuyente hubiera obtenido otros rendimientos con período de generación superior a dos años a los que hubiera aplicado la reducción. Pues bien, la aplicación de la primera reducción excluiría la posible aplicación de la segunda. No obstante, existe la posibilidad de modificar la aplicación de la primera reducción,*

conforme al criterio expuesto por este Centro en sus contestaciones vinculantes V0379-22, V1262-22, V2555-23 y V0657-24, criterio que se procede a referir a continuación.

Al respecto, procede señalar que de acuerdo con lo dispuesto en el referido artículo 18.2, en caso de cumplirse los requisitos señalados en el mismo, la reducción es de aplicación potestativa.

(...)

(...) el ejercicio de la elección señalada se podría subsumir, desde un punto de vista genérico, dentro del concepto de "opción" señalado en el artículo 119.3 de la Ley General Tributaria.

Ahora bien, para que exista "opción", de acuerdo con la doctrina anteriormente reproducida, debe existir capacidad de "escoger algo entre varias cosas". En este punto, se debe indicar que solo en el momento de la percepción de los rendimientos con periodo de generación superior a dos años de un determinado ejercicio fiscal susceptibles de beneficiarse de la reducción concurrirá la existencia de varias alternativas reales, requisito previo y necesario para que exista "opción" en el sentido del artículo 119.3.

Conforme con lo anterior, existiría la posibilidad de presentar (salvo prescripción) una autoliquidación rectificativa o declaración complementaria para corregir la reducción que en principio se había aplicado sobre los rendimientos del trabajo correspondientes a un ejercicio con el fin de poder aplicar la reducción del artículo 18.2 de la Ley 35/2006 sobre los rendimientos (con período de generación superior a dos años) de un ejercicio posterior.

Siguiendo el razonamiento anterior, en tanto en cuanto se ejercite la opción señalada en el párrafo anterior respecto al segundo ejercicio, no procedería rectificar con posterioridad, a su vez, dicha opción realizada, salvo en el periodo reglamentario de declaración correspondiente a ese segundo ejercicio, ello conforme a lo dispuesto en el artículo 119.3 de la Ley General Tributaria.

Ello implica que, tras el ejercicio de la opción correspondiente al segundo período (aplicar la reducción o no aplicarla), el contribuyente ya no podrá modificar la misma en el futuro fuera del período reglamentario de declaración de dicho año».

ANEXO.
CASOS PRÁCTICOS

Caso práctico | Tratamiento de la indemnización por despido improcedente en el IRPF

PLANTEAMIENTO

El 11 de mayo de 2024, una persona física fue despedida de la empresa para la que llevaba trabajando cuatro años. Al entender que se trataba de un despido improcedente, interpuso demanda judicial contra la empresa, que fue resuelta a su favor en primera instancia. Posteriormente, el tribunal superior de justicia la confirmó, adquiriendo esta resolución firmeza el día 10 de enero de 2025, al no ser recurrida por las partes.

La sentencia firme condenaba a la empresa al abono de la indemnización legal por despido improcedente.

¿Cómo y cuándo debe declarar la indemnización en su IRPF?

RESPUESTA

La indemnización por despido improcedente quedará exenta de IRPF en los términos previstos en el artículo 7.e) de la LIRPF, tributando los excesos sobre la cuantía exenta, en su caso, como rendimientos del trabajo e imputándose temporalmente conforme al artículo 14.2.a) de la LIRPF. Por otra parte, cuando la indemnización se perciba en forma de capital, al exceso indemnizatorio sobre el límite exento le resultará de aplicación la reducción del 30 % del artículo 18.2 de la LIRPF en el caso de que el período de tiempo trabajado para la empresa sea superior a dos años y se cumplan los demás requisitos para ello.

Atendiendo a la especial naturaleza de la indemnización por despido, el artículo 7.e) de la LIRPF establece lo siguiente:

«Estarán exentas las siguientes rentas:

(...)

e) Las indemnizaciones por despido o cese del trabajador, en la cuantía establecida con carácter obligatorio en el texto refundido de la Ley del Estatuto de los Trabajadores, aprobado por el Real Decreto Legislativo 2/2015, de 23 de octubre, en su normativa de desarrollo o, en su caso, en la normativa reguladora de la ejecución de sentencias, sin que pueda considerarse como tal la establecida en virtud de convenio, pacto o contrato.

Sin perjuicio de lo dispuesto en el párrafo anterior, en los supuestos de despidos colectivos realizados, o cuando se extinga el contrato en el supuesto de la letra c) del artículo 52 del mismo texto, siempre que, en ambos casos, se deban a causas económicas, técnicas, organizativas, de producción o por fuerza mayor, quedará exenta la parte de indemnización percibida que no supere los límites establecidos con carácter obligatorio en el mencionado Estatuto para el despido improcedente.

No tendrán la consideración de indemnizaciones establecidas en virtud de convenio, pacto o contrato, las acordadas en el acto de conciliación ante el Servicio administrativo al que se refiere el artículo 63 de la Ley 36/2011, de 10 de octubre, reguladora de la jurisdicción social.

El importe de la indemnización exenta a que se refiere esta letra tendrá como límite la cantidad de 180.000 euros».

A TENER EN CUENTA. La letra e) del artículo 7 de la LIRPF fue modificada por la Ley Orgánica 1/2025, de 2 de enero, con entrada en vigor el 3 de abril de 2025, quedando en los términos que acaban de reproducirse. El principal cambio que supuso la reforma fue la introducción *ex novo* del párrafo que especifica que «*no tendrán la consideración de indemnizaciones establecidas en virtud de convenio, pacto o contrato, las acordadas en el acto de conciliación ante el Servicio administrativo al que se refiere el artículo 63 de la Ley 36/2011, de 10 de octubre, reguladora de la jurisdicción social*» (lo que constituye una reforma meramente aclaratoria, pues con carácter previo la Administración tributaria y los tribunales ya venían manteniendo esa misma interpretación). El resto de los cambios fueron de carácter técnico o menor y no afectaron al sentido del precepto: se introdujo la referencia específica a la norma que aprobó el actual ET y se sustituyó la previa referencia a los «*supuestos de despidos colectivos realizados de conformidad con lo dispuesto en el artículo 51 del Estatuto de los Trabajadores, o producidos por las causas previstas en la letra c) del artículo 52 del citado Estatuto*» por la mención de los «*supuestos de despidos colectivos realizados, o cuando se extinga el contrato en el supuesto de la letra c) del artículo 52*».

En esa medida, y tal y como viene apuntando la Dirección General de Tributos, la indemnización por despido estará exenta del IRPF con el límite del menor de:

- La cuantía establecida con carácter obligatorio en el Estatuto de los Trabajadores para el despido improcedente (33 días por año de servicio con un máximo de 24 mensualidades, según la redacción del artículo 56.1 del Estatuto de los Trabajadores, aplicable a los contratos suscritos a partir de 12 de febrero de 2012 y, para contratos formalizados con anterioridad a 12 de febrero de 2012, los límites previstos en la disposición transitoria undécima del vigente ET).

- La cantidad de 180.000 euros.

Si la indemnización abonada excediera de la cuantía resultante de aplicar estos criterios, dicho exceso estará sujeto y no exento del IRPF, calificándose a tales efectos como rendimiento del trabajo. A tal respecto, puede acudirse, entre otras muchas, a las consultas vinculantes de la DGT (V1663-25), de 16 de septiembre de 2026, (V2067-24), de 25 de septiembre de 2024, o (V0932-17), de 12 de abril de 2017.

En cuanto a la imputación temporal de ese rendimiento, el artículo 14 de la LIRPF establece las siguientes reglas, por lo que aquí nos interesa:

«1. Regla general.

Los ingresos y gastos que determinan la renta a incluir en la base del impuesto se imputarán al período impositivo que corresponda, de acuerdo con los siguientes criterios:

a) Los rendimientos del trabajo y del capital se imputarán al período impositivo en que sean exigibles por su perceptor.

(...)

2. Reglas especiales.

a) Cuando no se hubiera satisfecho la totalidad o parte de una renta, por encontrarse pendiente de resolución judicial la determinación del derecho a su percepción o su cuantía, los importes no satisfechos se imputarán al período impositivo en que aquélla adquiera firmeza.

(...)».

Por lo tanto, la indemnización por despido habría que imputarla al período impositivo en el que adquirió firmeza la resolución judicial en la que se reconoce. En el supuesto, sería el ejercicio 2025.

Finalmente, se plantearía la posibilidad de aplicar la reducción prevista en el apartado 2 del artículo 18 de la LIRPF sobre los excesos indemnizatorios no exentos de tributación. De darse los requisitos para ello, el contribuyente podría aplicar la reducción del artículo 18.2 de la LIRPF por rendimientos con período de generación superior a dos años; aunque, eso sí, sin olvidar la regla que señala el artículo 12.2 del RIRPF: en el caso de rendimientos del trabajo procedentes de indemnizaciones por extinción de la relación laboral con un período de generación superior a dos años que se perciban de forma fraccionada, o de rendimientos distintos de los anteriores a los que se refiere la disposición transitoria vigesimoquinta de la LIRPF, solo será aplicable la reducción del 30 % del artículo 18.2 de la LIRPF cuando el cociente resultante de dividir el número de años de generación, computados de fecha a fecha, entre el número de períodos impositivos de fraccionamiento, sea superior a dos. La cuantía del rendimiento íntegro sobre la que se aplicará la citada reducción no podrá superar el importe de 300.000 euros anuales. Asimismo, en caso de resultar aplicable, se deberá tener en cuenta el límite establecido para el supuesto de extinción de relaciones laborales o mercantiles en las que el importe de los rendimientos del trabajo derivados de la extinción supere los 700.000 euros.

Caso práctico | Cuantía exenta en IRPF de indemnización por despido improcedente con contrato de trabajo anterior al 12/02/2012

PLANTEAMIENTO

Marcos fue despedido disciplinariamente el día 12 de septiembre de 2025 de la empresa para la que llevaba trabajando desde el 11 de marzo de 2001 en el marco de una relación laboral común. En sede judicial, el despido fue calificado como improcedente. La empresa le abona una indemnización por despido de 82.400 euros.

El salario regulador diario a efectos indemnizatorios es de 92 euros diarios y se cumplen los requisitos para aplicar la exención prevista en el artículo 7.e) de la LIRPF.

¿Qué importe de la indemnización por despido improcedente quedará exento en el IRPF de Marcos?

RESPUESTA

La cuantía exenta será la correspondiente a la indemnización obligatoria establecida en el Estatuto de los Trabajadores, con el límite que resulte del cálculo legal aplicable a los contratos anteriores al 12 de febrero de 2012.

Conforme al artículo 7.e) de la LIRPF, en su redacción resultante de la Ley Orgánica 1/2025, de 2 de enero, con entrada en vigor el 3 de abril de 2025:

> «Estarán exentas las siguientes rentas:
> (...)
> e) Las indemnizaciones por despido o cese del trabajador, en la cuantía establecida con carácter obligatorio en el texto refundido de la Ley del Estatuto de los Trabajadores, aprobado por el Real Decreto Legislativo 2/2015, de 23 de octubre, en su normativa de desarrollo o, en su caso, en la normativa reguladora de la ejecución de sentencias, sin que pueda considerarse como tal la establecida en virtud de convenio, pacto o contrato.
> Sin perjuicio de lo dispuesto en el párrafo anterior, en los supuestos de despidos colectivos realizados, o cuando se extinga el contrato en el supuesto de la letra c) del artículo 52 del mismo texto, siempre que, en ambos casos, se deban a causas económicas, técnicas, organizativas, de producción o por fuerza mayor, quedará exenta la parte de indemnización percibida que no supere los límites establecidos con carácter obligatorio en el mencionado Estatuto para el despido improcedente.
> No tendrán la consideración de indemnizaciones establecidas en virtud de convenio, pacto o contrato, las acordadas en el acto de conciliación ante el Servicio administrativo al que se refiere el artículo 63 de la Ley 36/2011, de 10 de octubre, reguladora de la jurisdicción social.
> El importe de la indemnización exenta a que se refiere esta letra tendrá como límite la cantidad de 180.000 euros».

Partimos de la base de que se cumplen los requisitos para la exención. Por lo demás, y dado que el despido ha sido calificado como improcedente y el contrato de trabajo se formalizó con anterioridad al 12 de febrero de 2012, el cálculo de la indemnización exenta se realizará conforme a la disposición transitoria undécima del ET, a cuyo tenor:

«1. La indemnización por despido prevista en el artículo 56.1 será de aplicación a los contratos suscritos a partir del 12 de febrero de 2012.

2. La **indemnización por despido improcedente de los contratos formalizados con anterioridad al 12 de febrero de 2012 se calculará a razón de cuarenta y cinco días de salario por año de servicio por el tiempo de prestación de servicios anterior a dicha fecha, prorrateándose por meses los periodos de tiempo inferiores a un año, y a razón de treinta y tres días de salario por año de servicio por el tiempo de prestación de servicios posterior, prorrateándose igualmente por meses los periodos de tiempo inferiores a un año.** El importe indemnizatorio resultante **no podrá ser superior a setecientos veinte días de salario, salvo que del cálculo de la indemnización por el periodo anterior al 12 de febrero de 2012 resultase un número de días superior, en cuyo caso se aplicará este como importe indemnizatorio máximo, sin que dicho importe pueda ser superior a cuarenta y dos mensualidades, en ningún caso.** (...)».

Así las cosas, el cálculo se haría como sigue:

- Primer tramo, por el período comprendido entre el 11/03/2001 y el 11/02/2012. Este período comprende 10 años y 11 meses. Los días de indemnización serían los siguientes: (45 días de salario x 10 años) + (45 días de salario x 11/12 meses) = 450 + 41,25 = 491,25 días.

- Segundo tramo, por el período comprendido entre el 12/02/2012 y el 12/09/2025. Este período comprende 13 años y 7 meses. Los días de indemnización serían los siguientes: (33 días de salario x 13 años) + (33 días de salario x 7/12 meses) = 429 + 19,25 = 448,25 días.

Por ambos períodos, los días de indemnización serían: 491,25 + 448,25 = 939,50 días. No obstante, el importe indemnizatorio no podrá ser superior a 720 días de salario, salvo que del cálculo de la indemnización por el período anterior al 12 de febrero de 2012 resultase un número de días superior, en cuyo caso se aplicará este como importe indemnizatorio máximo, sin que dicho importe pueda ser superior a 42 mensualidades. En este caso, la indemnización correspondiente al período anterior al 12 de febrero de 2012 asciende a 491,25 días, por lo que no supera el límite de 720 días. En consecuencia, la indemnización obligatoria exenta será la correspondiente a 720 días de salario.

La cuantía exenta será: 720 días x 92 euros = 66.240 euros.

Por tanto, de los 82.400 euros percibidos, quedarán exentos de IRPF 66.240 euros. El exceso, esto es, 16.160 euros, quedará sujeto a gravamen como rendimiento del trabajo. Sobre el exceso no exento podría aplicarse la reducción del 30 % por rendimientos del trabajo con período de generación superior a dos años, prevista en el artículo 18.2 de la LIRPF.

Caso práctico | Cuantía exenta en IRPF si se percibe indemnización por despido individual objetivo basado en causas ETOP

PLANTEAMIENTO

Un trabajador fue despedido el 30 de junio de 2025 por causas objetivas, al amparo del artículo 52.c) del Estatuto de los Trabajadores (despido objetivo individual basado en causas económicas, técnicas, organizativas o de producción). Llevaba trabajando en la empresa desde el 30 de mayo de 2015.

La empresa le abona una indemnización en un pago único, de 29.000 euros.

El salario regulador diario a considerar a efectos indemnizatorios es de 80 euros y se cumplen los requisitos para aplicar la exención del artículo 7.e) de la LIRPF.

¿Qué parte de la indemnización quedará exenta en el IRPF?

RESPUESTA

En un despido individual por causas objetivas realizado al amparo del artículo 52.c) del ET, la indemnización satisfecha estará exenta del IRPF con el límite del menor de los siguientes importes: la cuantía establecida con carácter obligatorio en el Estatuto de los Trabajadores para el despido improcedente o la cantidad de 180.000 euros.

Conforme al artículo 7.e) de la LIRPF, en su redacción resultante de la Ley Orgánica 1/2025, de 2 de enero, con entrada en vigor el 3 de abril de 2025, están exentas de IRPF:

> «e) Las indemnizaciones por despido o cese del trabajador, en la cuantía establecida con carácter obligatorio en el texto refundido de la Ley del Estatuto de los Trabajadores, aprobado por el Real Decreto Legislativo 2/2015, de 23 de octubre, en su normativa de desarrollo o, en su caso, en la normativa reguladora de la ejecución de sentencias, sin que pueda considerarse como tal la establecida en virtud de convenio, pacto o contrato.
>
> Sin perjuicio de lo dispuesto en el párrafo anterior, en los supuestos de despidos colectivos realizados, o **cuando se extinga el contrato en el supuesto de la letra c) del artículo 52** del mismo texto, siempre que, en ambos casos, se deban a causas económicas, técnicas, organizativas, de producción o por fuerza mayor, quedará exenta la **parte de indemnización percibida que no supere los límites establecidos con carácter obligatorio en el mencionado Estatuto para el despido improcedente**.
>
> No tendrán la consideración de indemnizaciones establecidas en virtud de convenio, pacto o contrato, las acordadas en el acto de conciliación ante el Servicio administrativo al que se refiere el artículo 63 de la Ley 36/2011, de 10 de octubre, reguladora de la jurisdicción social.
>
> **El importe de la indemnización exenta a que se refiere esta letra tendrá como límite la cantidad de 180.000 euros**».

Así las cosas, en un **despido individual por causas objetivas al amparo del artículo 52.c) del ET**, la indemnización satisfecha estará exenta del IRPF con el límite del menor de los siguientes importes:

- La cuantía establecida con carácter obligatorio en el Estatuto de los Trabajadores para el despido improcedente (33 días por año de servicio con un máximo de 24 mensualidades, según la nueva redacción del artículo 56.1 del ET, aplicable a los contratos suscritos a partir de 12 de febrero de 2012; y, para contratos formalizados con anterioridad a 12 de febrero de 2012, los límites previstos en la disposición transitoria undécima del ET).

- La cantidad de 180.000 euros.

En ese sentido se pronuncian, entre otras, las consultas vinculantes de la DGT (V1835-25), de 13 de octubre de 2025, o (V2833-23), de 19 de octubre de 2023.

En este concreto supuesto, el **contrato de trabajo se había formalizado con posterioridad al 12 de febrero de 2012**, por lo que la cuantía de la indemnización por despido improcedente establecida en el ET con carácter obligatorio se calcularía conforme al artículo 56.1 del ET y ascendería a 33 días de salario por año de servicio, prorrateándose por meses los períodos inferiores al año, con el límite de 24 mensualidades. En consecuencia:

- Antigüedad en la empresa: entre el 30/05/2015 y el 30/06/2025 habrían transcurrido 10 años y 1 mes.

- Los días de indemnización serían los siguientes: (33 días de salario x 10 años) + (33 días de salario por 1/12 meses) = 330 + 2,75 = 332,75 días.

- No se supera el límite de 24 mensualidades.

- La cuantía de la indemnización establecida en el artículo 56.1 del ET para el despido improcedente sería 80 euros x 332,75 días = 26.620 euros.

El importe que la empresa le satisface al trabajador (29.000 euros) no supera los 180.000 euros máximos de la exención del artículo 7.e) de la LIRPF, pero sí excede de la cuantía que el ET establece con carácter obligatorio para el despido improcedente. Por lo tanto:

- **26.620 euros quedarían exentos al amparo del artículo 7.e) de la LIRPF.**

- **El exceso quedaría sujeto a gravamen como rendimiento del trabajo:** 29.000 - 26.620 euros = 2.380 euros. En su caso, sobre este exceso no exento podría aplicarse la **reducción del 30 % por rendimientos del trabajo con período de generación superior a dos años**, prevista en el artículo 18.2 de la LIRPF.

Caso práctico | Cuantía exenta en IRPF cuando se cobra indemnización por despido individual objetivo no basado en causas ETOP

PLANTEAMIENTO

Un trabajador fue despedido el 30 de junio de 2025 por causas objetivas distintas de las económicas, técnicas, organizativas o de producción. Llevaba trabajando en la empresa desde el 30 de mayo de 2015.

La empresa le abona una indemnización en un pago único, de 29.000 euros.

El salario regulador diario a considerar a efectos indemnizatorios es de 80 euros y se cumplen los requisitos para aplicar la exención del artículo 7.e) de la LIRPF.

¿Qué parte de la indemnización quedará exenta en el IRPF?

RESPUESTA

En un despido individual objetivo no basado en causas económicas, técnicas, organizativas o de producción, la indemnización satisfecha estará exenta del IRPF únicamente en la cuantía establecida con carácter obligatorio para ese despido objetivo, con el límite adicional de 180.000 euros.

Conforme al artículo 7.e) de la LIRPF, en su redacción resultante de la Ley Orgánica 1/2025, de 2 de enero, con entrada en vigor el 3 de abril de 2025, están exentas de IRPF:

«e) Las indemnizaciones por despido o cese del trabajador, **en la cuantía establecida con carácter obligatorio en el texto refundido de la Ley del Estatuto de los Trabajadores**, aprobado por el Real Decreto Legislativo 2/2015, de 23 de octubre, en su normativa de desarrollo o, en su caso, en la normativa reguladora de la ejecución de sentencias, sin que pueda considerarse como tal la establecida en virtud de convenio, pacto o contrato.

Sin perjuicio de lo dispuesto en el párrafo anterior, en los supuestos de despidos colectivos realizados, o cuando se extinga el contrato en el supuesto de la letra c) del artículo 52 del mismo texto, siempre que, en ambos casos, se deban a causas económicas, técnicas, organizativas, de producción o por fuerza mayor, quedará exenta la parte de indemnización percibida que no supere los límites establecidos con carácter obligatorio en el mencionado Estatuto para el despido improcedente.

No tendrán la consideración de indemnizaciones establecidas en virtud de convenio, pacto o contrato, las acordadas en el acto de conciliación ante el Servicio administrativo al que se refiere el artículo 63 de la Ley 36/2011, de 10 de octubre, reguladora de la jurisdicción social.

El importe de la indemnización exenta a que se refiere esta letra tendrá como límite la cantidad de 180.000 euros».

Por lo tanto, si el despido objetivo individual **no se realiza al amparo del artículo 52.c) del ET (no se basa en causas económicas, técnicas, organizativas o de producción)**, no resulta de aplicación la regla del segundo párrafo del precepto citado. La indemnización quedará exenta, en su caso, en la cuantía establecida con carácter obligatorio por el ET para ese concreto tipo de despido, que sería la recogida en el artículo 53.1 del ET: **20 días por año de servicio, prorrateándose por meses los períodos de tiempo inferiores a un año y con un máximo de 12 mensualidades.**

Así las cosas, en el concreto supuesto planteado:

- Antigüedad en la empresa: entre el 30/05/2015 y el 30/06/2025 transcurrieron 10 años y 1 mes.

- Días de indemnización obligatoria según el ET: (20 días de salario x 10 años) + (20 días de salario x 1/12 meses) = 200 + 1,67 = 201,67 días.

- No se supera el límite de 12 mensualidades.

- Cuantía de la indemnización establecida en el artículo 53.1 del ET: 80 euros x 201,67 días = 16.133,60 euros.

El importe que la empresa le satisface al trabajador (29.000 euros) no supera los 180.000 euros máximos de la exención del artículo 7.e) de la LIRPF, pero sí excede de la cuantía que el ET establece con carácter obligatorio para este supuesto, de manera que:

- **16.133,60 euros quedarían exentos al amparo del artículo 7.e) de la LIRPF.**

- **El exceso quedaría sujeto a gravamen como rendimiento del trabajo:** 29.000 - 16.133,60 = **12.866,40 euros.** Sobre ese exceso no exento, si concurren los requisitos legales, podría aplicarse la reducción del 30 % prevista en el artículo 18.2 de la LIRPF para determinados rendimientos del trabajo con período de generación superior a dos años.

Caso práctico | Cuantía exenta en IRPF al percibir una indemnización por despido colectivo

PLANTEAMIENTO

Un trabajador fue despedido el 12 de febrero de 2025 en el marco de un despido colectivo por causas económicas, técnicas, organizativas o de producción, conforme al artículo 51 del Estatuto de los Trabajadores. Venía prestando servicios en la empresa desde el 11 de julio de 2011, en el marco de una relación laboral común.

La empresa le abona una indemnización total de 48.000 euros.

El salario regulador diario a efectos indemnizatorios asciende a 80 euros.

Se parte de la base de que concurren los requisitos exigidos por el artículo 7.e) de la LIRPF para la exención de la indemnización por cese o despido.

¿Qué importe de la indemnización percibida por el trabajador quedará exento de IRPF?

RESPUESTA

En un despido colectivo por causas económicas, técnicas, organizativas o de producción, quedará exenta de IRPF la indemnización percibida que no supere la cuantía obligatoria prevista en el Estatuto de los Trabajadores para el despido improcedente, con el límite de 180.000 euros.

El artículo 7.e) de la LIRPF, en su redacción resultante de la Ley Orgánica 1/2025, de 2 de enero, con entrada en vigor el 3 de abril de 2025, están exentas de IRPF:

> «e) Las indemnizaciones por despido o cese del trabajador, en la cuantía establecida con carácter obligatorio en el texto refundido de la Ley del Estatuto de los Trabajadores, aprobado por el Real Decreto Legislativo 2/2015, de 23 de octubre, en su normativa de desarrollo o, en su caso, en la normativa reguladora de la ejecución de sentencias, sin que pueda considerarse como tal la establecida en virtud de convenio, pacto o contrato.
>
> Sin perjuicio de lo dispuesto en el párrafo anterior, **en los supuestos de despidos colectivos realizados**, o cuando se extinga el contrato en el supuesto de la letra c) del artículo 52 del mismo texto, siempre que, en ambos casos, **se deban a causas económicas, técnicas, organizativas, de producción o por fuerza mayor, quedará exenta la parte de indemnización percibida que no supere los límites establecidos con carácter obligatorio en el mencionado Estatuto para el despido improcedente**.
>
> No tendrán la consideración de indemnizaciones establecidas en virtud de convenio, pacto o contrato, las acordadas en el acto de conciliación ante el Servicio administrativo al que se refiere el artículo 63 de la Ley 36/2011, de 10 de octubre, reguladora de la jurisdicción social.
>
> **El importe de la indemnización exenta a que se refiere esta letra tendrá como límite la cantidad de 180.000 euros»**.

Por lo tanto, en caso de despido colectivo fundado en causas económicas, técnicas, organizativas o de producción, estará exenta de IRPF la indemnización satisfecha al trabajador con el límite del menor de:

- La cuantía establecida con carácter obligatorio en el Estatuto de los Trabajadores para el despido improcedente (33 días por año de servicio con un máximo de 24 mensualidades, según la nueva redacción del artículo 56.1 del ET, aplicable a los contratos suscritos a partir de 12 de febrero de 2012; y, para contratos formalizados con anterioridad a 12 de febrero de 2012, los límites previstos en la disposición transitoria undécima del ET).

- La cantidad de 180.000 euros.

En ese sentido se pronuncian, por ejemplo, las consultas vinculantes de la DGT (V2101-25), de 6 de noviembre de 2025, o (V1609-25), de 15 de septiembre de 2025.

En el concreto supuesto de hecho planteado, como **el contrato de trabajo era anterior al 12 de febrero de 2012**, para determinar la cuantía de la indemnización por despido improcedente establecida en el ET con carácter obligatorio debe acudirse a la disposición transitoria undécima del ET, conforme a la cual:

«1. La indemnización por despido prevista en el artículo 56.1 será de aplicación a los contratos suscritos a partir del 12 de febrero de 2012.

2. La indemnización por despido improcedente de los contratos formalizados con anterioridad al 12 de febrero de 2012 se calculará a razón de **cuarenta y cinco días de salario por año de servicio por el tiempo de prestación de servicios anterior a dicha fecha, prorrateándose por meses los periodos de tiempo inferiores a un año, y a razón de treinta y tres días de salario por año de servicio por el tiempo de prestación de servicios posterior, prorrateándose igualmente por meses los periodos de tiempo inferiores a un año. El importe indemnizatorio resultante no podrá ser superior a setecientos veinte días de salario, salvo que del cálculo de la indemnización por el periodo anterior al 12 de febrero de 2012 resultase un número de días superior, en cuyo caso se aplicará este como importe indemnizatorio máximo, sin que dicho importe pueda ser superior a cuarenta y dos mensualidades**, en ningún caso.

(...)».

En consecuencia, el cálculo tendría que hacerse en dos tramos:

- Primer tramo, por el período comprendido entre el 11/07/2011 y el 11/02/2012. Este período comprende 7 meses. Los días de indemnización de este primer tramo serían: 45 días de salario × 7/12 = 26,25 días.

- Segundo tramo, por el período comprendido entre el 12/02/2012 y el 12/02/2025. Este período comprende 13 años. Los días de indemnización de este segundo tramo serían: 33 días de salario × 13 = 429 días.

Por ambos períodos, los días de indemnización serían: 26,25 + 429 = 455,25 días; y el importe indemnizatorio obligatorio conforme al ET ascendería a 455,25 días × 80 euros = 36.420 euros.

Ese importe no supera el límite de 180.000 euros previsto para la exención en el artículo 7.e) de la LIRPF, con lo que será el importe exento.

En conclusión, de los 48.000 euros percibidos por el trabajador:

- **36.420 euros quedarán exentos de IRPF.**

- **El exceso tendrá la consideración de rendimiento del trabajo sujeto y no exento de IRPF** (11.580 euros). Sobre ese exceso podría resultar aplicable, si concurren sus requisitos, la reducción del 30 % del artículo 18.2 de la LIRPF, prevista para rendimientos del trabajo con período de generación superior a dos años.

Caso práctico | Exención en IRPF de la indemnización por despido de personal de alta dirección

PLANTEAMIENTO

«A», ligado a la empresa «X» como ejecutivo por una relación laboral especial de alta dirección, es cesado de su puesto de trabajo percibiendo una importante indemnización que se encontraba pactada en contrato.

¿Puede considerarse exenta en el IRPF dicha cantidad?

RESPUESTA

En virtud del criterio interpretativo fijado por el Tribunal Supremo, la indemnización satisfecha a «A» se encontrará exenta de IRPF, siempre que no exceda de la cuantía establecida, en cuyo caso estará sujeta y no exenta.

La indemnización por cese de una relación laboral especial de alta dirección se encontrará exenta de IRPF ya que se considera como mínima obligatoria de acuerdo con el criterio interpretativo fijado por el Tribunal Supremo en su sentencia n.º 1528/2019, de 5 de noviembre de 2019, ECLI:ES:TS:2019:3678, y reiterado en su sentencia n.º 1139/2020, de 4 de septiembre de 2020, ECLI:ES:TS:2020:2799, o más recientemente, en la sentencia n.º 805/2025, de 24 de junio de 2025, ECLI:ES:TS:2025:2873.

En la sentencia del Tribunal Supremo n.º 1528/2019, de 5 de noviembre de 2019, ECLI:ES:TS:2019:3678, se fija como criterio que:

> «A la luz de la a la luz de la doctrina sentada en la sentencia del Pleno de la Sala de lo Social del Tribunal Supremo de 22 de abril de 2014 (casación para la unificación de doctrina 1197/2013; ES:TS:2014:3088), necesariamente se ha de entender que en los supuestos de extinción del contrato de alta dirección por desistimiento del empresario existe el **derecho a una indemnización mínima obligatoria de 7 días de salario por año de trabajo, con el límite de seis mensualidades y, por tanto, que esa cuantía de la indemnización está exenta de tributación en el Impuesto sobre la Renta de las Personas Físicas, al amparo del artículo 7.e)** del texto refundido de la Ley del Impuesto sobre la Renta de las Personas Físicas, aprobado por Real Decreto Legislativo 3/2004, de 5 de marzo».

Por su parte, la Dirección General de Tributos, en su consulta vinculante (V0445-24), de 18 de marzo de 2024, ha establecido:

> «(...) la indemnización satisfecha al consultante en el ámbito de la extinción de la relación laboral de alta dirección por desistimiento del empresario, **estará exenta del Impuesto con el límite del menor de:**
> - la cuantía establecida con carácter obligatorio en el Estatuto de los Trabajadores o en su normativa de desarrollo, en el supuesto consultado artículo 11. Uno del Real Decreto 1382/1985 de 1 de agosto, por el que se regula la relación laboral de carácter especial del personal de alta dirección, indemnización de

siete días de salario por año trabajado, con el límite de seis mensualidades, que se considera indemnización mínima obligatoria
- la cantidad de 180.000 euros

Si la indemnización satisfecha excede de la cuantía que resultaría de aplicar los criterios anteriores, el exceso estará sujeto y no exento, calificándose como rendimiento del trabajo».

Caso práctico | Exención en el IRPF de la indemnización por extinción del contrato de una trabajadora del hogar

PLANTEAMIENTO

Una persona empleadora extingue la relación laboral con una trabajadora del hogar familiar el 17 de agosto de 2025.

La empleada del hogar llevaba trabajando para la empleadora desde el 17 de agosto de 2020.

¿Qué indemnización le corresponde?¿La indemnización satisfecha está exenta de tributación en el IRPF?

RESPUESTA

La indemnización satisfecha a una trabajadora del hogar puede quedar exenta en el IRPF, pero únicamente hasta la cuantía establecida con carácter obligatorio en la normativa reguladora de esta relación laboral especial según la causa de extinción. La indemnización a percibir dependerá de si el contrato se extingue por desistimiento del empleador o si deriva de un despido improcedente y el exceso, en su caso, tributará como rendimiento del trabajo.

La relación laboral del servicio del hogar familiar tiene carácter especial conforme al artículo 2 del Estatuto de los Trabajadores, apartado 1.b). Su régimen extintivo específico se regula en el artículo 11 del Real Decreto 1620/2011, de 14 de noviembre.

De acuerdo con los datos facilitados, deben distinguirse los siguientes supuestos en cuanto a la indemnización:

- **Extinción por desistimiento del empleador.** Cuando la extinción responde al desistimiento del empleador, la indemnización legal obligatoria será:
  - Para contratos celebrados a partir de 1 de enero de 2012: **12 días naturales por año de servicio**, con el **límite de 6 mensualidades.**
  - Para contratos anteriores a 1 de enero de 2012: **7 días por año de servicio,** con el **límite de 6 mensualidades.**

  En estos casos, la exención en el IRPF alcanza exclusivamente a esa cuantía obligatoria. Si la persona empleadora abona una cantidad superior, solo quedará exenta la indemnización legalmente exigible, tributando el exceso.

- **Despido improcedente.** Si la extinción se califica como despido improcedente, la cuantía indemnizatoria exenta será la legalmente prevista para dicho supuesto en esta relación laboral especial, esto es, **20 días naturales por año de servicio**, con el **límite de 12 mensualidades.**

  También aquí la exención se limita a la cuantía obligatoria. Cualquier importe satisfecho por encima de ese mínimo legal quedará sujeto al IRPF como rendimiento del trabajo.

Al llevar la empleada del hogar trabajando para la empleadora desde 2020, resultará de aplicación en el caso en que el despido sea por desistimiento del empleador una indemnización de 12 días naturales por año de servicio, con el límite de 6 mensualidades. En el supuesto en que el despido sea calificado como improcedente, la indemnización será de 20 días por año de servicio, con el límite de 12 mensualidades.

Estas indemnizaciones se encuentran exentas del IRPF en virtud del artículo 7 de la LIRPF, letra e), en la cuantía establecida con carácter obligatorio. Por lo tanto, de superar los límites establecidos, el exceso tributará como rendimiento del trabajo.

Caso práctico | Exención en el IRPF de la indemnización por extinción contractual de un deportista profesional

PLANTEAMIENTO

Un baloncestista profesional fue contratado por un club de baloncesto en julio de 2022 por un periodo de 3 temporadas, finalizando su contrato en 2025. En mayo de 2024 el club solicitó la cancelación de la licencia federativa del jugador derivada de las diversas bajas médicas por lesiones que había sufrido, pero se mantuvo la relación laboral.

En febrero de 2025 el club le comunica la imposibilidad de dar de alta de nuevo su licencia federativa por exceso de cupo, instándolo a la búsqueda de otro club para continuar con su actividad profesional y en junio le comunica la extinción del contrato por expiración del tiempo convenido.

El baloncestista demandó al club de baloncesto. La demanda fue estimada reconociendo:

- Que el deportista tiene derecho a extinguir su contrato de trabajo y que la resolución tendrá los mismos efectos que el despido improcedente en virtud de lo dispuesto en el apartado Dos del artículo 16 del Real Decreto 1006/1985 de 6 de junio.

- El derecho a percibir una indemnización por despido improcedente de 2 meses de salario por año de servicio.

- Una indemnización por daños y perjuicios.

¿Puede aplicarse la exención del artículo 7.e) de la LIRPF a las cantidades percibidas por el deportista y, en su caso, alcanza también a la indemnización adicional por daños y perjuicios?

RESPUESTA

Puede aplicar la exención del artículo 7.e) de la LIRPF, pero solo respecto de la indemnización por extinción de la relación laboral con los efectos del despido improcedente en la cuantía obligatoria legalmente establecida. La exención no alcanza a la indemnización adicional por daños y perjuicios.

El artículo 7 de la LIRPF, en su letra e), establece que estará exentas:

«e) Las indemnizaciones por despido o cese del trabajador, en la cuantía establecida con carácter obligatorio en el texto refundido de la Ley del Estatuto de los Trabajadores, aprobado por el Real Decreto Legislativo 2/2015, de 23 de octubre, en su normativa de desarrollo o, en su caso, en la normativa reguladora de la ejecución de sentencias, sin que pueda considerarse como tal la establecida en virtud de convenio, pacto o contrato.

Sin perjuicio de lo dispuesto en el párrafo anterior, en los supuestos de despidos colectivos realizados, o cuando se extinga el contrato en el supuesto de la letra c) del artículo 52 del mismo texto, siempre que, en ambos casos, se deban a causas económicas, técnicas, organizativas, de producción o por fuerza mayor, quedará exenta la parte de indemnización percibida que no supere los límites establecidos con carácter obligatorio en el mencionado Estatuto para el despido improcedente.

No tendrán la consideración de indemnizaciones establecidas en virtud de convenio, pacto o contrato, las acordadas en el acto de conciliación ante el Servicio administrativo al que se refiere el artículo 63 de la Ley 36/2011, de 10 de octubre, reguladora de la jurisdicción social.

El importe de la indemnización exenta a que se refiere esta letra tendrá como límite la cantidad de 180.000 euros».

En el ámbito de la relación laboral especial de los deportistas profesionales, hemos de acudir a lo dispuesto en el Real Decreto 1006/1985, de 26 de junio, el cual en el apartado Uno de su artículo 15 establece lo siguiente:

«Uno— En caso de **despido improcedente, sin readmisión**, el deportista profesional tendrá derecho a una **indemnización**, que a falta de pacto se fijará judicialmente, **de al menos dos mensualidades de sus retribuciones periódicas**, más la parte proporcional correspondiente de los complementos de calidad y cantidad de trabajo percibidos durante el último año, prorrateándose por meses los períodos de tiempo inferiores a un año, por año de servicio. Para su fijación se ponderarán las circunstancias concurrentes, especialmente la relativa a la remuneración dejada de percibir por el deportista a causa de la extinción anticipada de su contrato».

Por su parte, el artículo 16 del Real Decreto regula los efectos de la **extinción del contrato por voluntad del deportista** indicando que **cuando la resolución del contrato** solicitada por un deportista profesional **se encuentre fundada en alguna de las causas previstas en el artículo 50 del Estatuto de los Trabajadores**, producirá **idénticos efectos que el despido improcedente sin readmisión**.

Asimismo, nuestro Alto Tribunal se ha pronunciado respecto a la relación especial de los deportistas profesionales en diversas sentencias, entre ellas, en la STS, rec. 2896/2008, de 28 de marzo de 2012, ECLI:ES:TS:2012:3172, en la que señala que *«en la relación laboral de los deportistas, sí existe un límite mínimo de indemnización garantizado al trabajador, siendo este límite el que sirve a efectos del Impuesto de la Renta para reconocer la exención parcial,(...), pero no un límite máximo, lo que impide aceptar la tesis de la recurrente que pretende extender la no sujeción y la exención a toda la indemnización pactada o a las retribuciones dejadas de percibir, a falta de pacto».*

De lo anterior se desprende que la indemnización obtenida por el baloncestista por la extinción de su relación laboral con el club está exenta de IRPF en virtud del artículo 7.e) de la LIRPF hasta límite del menor entre el importe que corresponda a dos meses por año trabajado o la cantidad de 180.000 euros.

No obstante, la indemnización adicional reconocida judicialmente por daños y perjuicios se encuentra sujeta y no exenta del IRPF.

Al respecto, puede resultar de interés la consulta vinculante de la Dirección General de Tributos (V1711-25), de 19 de septiembre de 2025.

Caso práctico | Exención en IRPF de la indemnización por extinción del contrato por muerte del empresario

PLANTEAMIENTO

Una trabajadora venía prestando servicios por cuenta ajena para un empresario individual desde el 1 de febrero de 2018. Como consecuencia del fallecimiento del empleador, producido el 10 de enero de 2025, la relación laboral se extingue y la trabajadora percibe la cantidad equivalente a un mes de salario, conforme a lo previsto legalmente para estos supuestos.

La empresa satisface dicha cuantía en el finiquito y surge la duda de si esa indemnización, abonada por la extinción del contrato de trabajo derivada de la muerte del empresario, debe tributar en el IRPF como rendimiento del trabajo o puede quedar exenta del impuesto dentro de los límites legalmente establecidos.

¿Está exenta en el IRPF la indemnización satisfecha al trabajador por la extinción del contrato de trabajo causada por la muerte del empresario?

RESPUESTA

Sí. La indemnización legalmente establecida por la extinción del contrato de trabajo debida a la muerte del empresario individual puede quedar exenta en el IRPF, en la cuantía obligatoria fijada por la norma laboral y con el límite general de 180.000 euros previsto en la normativa del impuesto.

El artículo 49.1.g) del texto refundido de la Ley del Estatuto de los Trabajadores, aprobado por Real Decreto Legislativo 2/2015, de 23 de octubre, dispone que, en los casos de muerte, jubilación o incapacidad del empresario, el contrato de trabajo se extinguirá, teniendo el trabajador derecho al abono de una cantidad equivalente a un mes de salario.

Por su parte, el artículo 7.e) de la LIRPF, declara exentas las indemnizaciones por despido o cese del trabajador, en la cuantía establecida con carácter obligatorio en el Estatuto de los Trabajadores o, en su caso, en su normativa de desarrollo, con el límite de 180.000 euros.

En este supuesto, la indemnización nace de una previsión legal imperativa y por ello la cuantía correspondiente al mes de salario que establece el apartado 1.g) del artículo 49 del Estatuto de los Trabajadores tiene la consideración de indemnización obligatoria y encaja en el ámbito de la exención del artículo 7 de la LIRPF, letra e).

Desde un punto de vista práctico, ello implica que la cantidad satisfecha hasta ese importe obligatorio no debe integrarse en la base imponible del impuesto. Distinta solución correspondería a cualquier exceso sobre el mínimo legal, si se hubiese pactado o abonado una cuantía superior, pues dicho exceso tributaría como rendimiento del trabajo.

En consecuencia, si la trabajadora percibe exclusivamente la indemnización de un mes de salario prevista legalmente por la extinción del contrato debida a la muerte del empresario, dicha cantidad estará exenta en el IRPF dentro de ese límite obligatorio y del máximo general de 180.000 euros.

Caso práctico | Exención en IRPF de la indemnización cobrada por el trabajador que resuelve el contrato por modificación sustancial de las condiciones de trabajo

PLANTEAMIENTO

Un trabajador decide poner fin a su relación laboral con la empresa como consecuencia de la modificación sustancial de las condiciones de trabajo y percibe una indemnización por ello.

¿Esa indemnización puede acogerse a la exención en IRPF que el artículo 7.e) de la LIRPF establece? ¿En qué medida?

RESPUESTA

La indemnización percibida por la extinción de la relación laboral por voluntad del trabajador como consecuencia de modificaciones sustanciales de las condiciones de trabajo queda exenta del IRPF al amparo del artículo 7.e) de la LIRPF en cuanto se corresponda con las cuantías y situaciones a las que se refieren los artículos 41 y 50 del ET, siempre que se cumplan los requisitos para la exención, con el límite máximo de 180.000 euros.

Según el artículo 7 de la LIRPF, letra e), en la redacción dada por la Ley Orgánica 1/2025, de 2 de enero, con entrada en vigor el 3 de abril de 2025, están **exentas de IRPF**:

«e) Las **indemnizaciones por despido o cese del trabajador, en la cuantía establecida con carácter obligatorio en el texto refundido de la Ley del Estatuto de los Trabajadores**, aprobado por el Real Decreto Legislativo 2/2015, de 23 de octubre, en su normativa de desarrollo o, en su caso, en la normativa reguladora de la ejecución de sentencias, **sin que pueda considerarse como tal la establecida en virtud de convenio, pacto o contrato**.

Sin perjuicio de lo dispuesto en el párrafo anterior, en los supuestos de despidos colectivos realizados, o cuando se extinga el contrato en el supuesto de la letra c) del artículo 52 del mismo texto, siempre que, en ambos casos, se deban a causas económicas, técnicas, organizativas, de producción o por fuerza mayor, quedará exenta la parte de indemnización percibida que no supere los límites establecidos con carácter obligatorio en el mencionado Estatuto para el despido improcedente.

No tendrán la consideración de indemnizaciones establecidas en virtud de convenio, pacto o contrato, las acordadas en el acto de conciliación ante el Servicio administrativo al que se refiere el artículo 63 de la Ley 36/2011, de 10 de octubre, reguladora de la jurisdicción social.

El importe de la indemnización exenta a que se refiere esta letra tendrá como límite la cantidad de 180.000 euros».

En ese sentido, para el concreto supuesto de hecho que se plantea, conviene acudir a los artículos 41 y 50 del ET:

Artículo 41 del ET. Modificaciones sustanciales de condiciones de trabajo.

«1. La dirección de la empresa podrá acordar modificaciones sustanciales de las condiciones de trabajo cuando existan probadas razones económicas, técnicas, organizativas o de producción. Se considerarán tales las que estén relacionadas con la competitividad, productividad u organización técnica o del trabajo en la empresa.

Tendrán la consideración de modificaciones sustanciales de las condiciones de trabajo, entre otras, las que afecten a las siguientes materias:

a) Jornada de trabajo.

b) Horario y distribución del tiempo de trabajo.

c) Régimen de trabajo a turnos.

d) Sistema de remuneración y cuantía salarial.

e) Sistema de trabajo y rendimiento.

f) Funciones, cuando excedan de los límites que para la movilidad funcional prevé el artículo 39.

(...)

3. La decisión de modificación sustancial de condiciones de trabajo de carácter individual deberá ser notificada por el empresario al trabajador afectado y a sus representantes legales con una antelación mínima de quince días a la fecha de su efectividad.

En los supuestos previstos en las letras a), b), c), d) y f) del apartado 1, si el trabajador resultase perjudicado por la modificación sustancial tendrá derecho a rescindir su contrato y percibir una indemnización de veinte días de salario por año de servicio prorrateándose por meses los periodos inferiores a un año y con un máximo de nueve meses.

(...)».

Artículo 50 del ET. Extinción por voluntad del trabajador.

«1. Serán **causas justas para que el trabajador pueda solicitar la extinción del contrato:**

a) Las modificaciones sustanciales en las condiciones de trabajo llevadas a cabo sin respetar lo previsto en el artículo 41 y que redunden en menoscabo de la dignidad del trabajador.

(...)

2. En tales casos, **el trabajador tendrá derecho a las indemnizaciones señaladas para el despido improcedente**».

Así las cosas, tal y como indicó la Dirección General de Tributos en su consulta vinculante (V1254-24), de 31 de mayo de 2024, la indemnización percibida por la extinción de la relación laboral por voluntad del trabajador como consecuencia de las modificaciones sustanciales de las condiciones de trabajo, estaría **exenta de tributación en virtud del artículo 7.e) de la LIRPF, en cuanto se corresponda en su cuantía y situación indemnizable con lo establecido en los artículos 41 y 50 del ET, con el límite de 180.000 euros.**

Por lo tanto, la exención cabría en dos casos de extinción voluntaria del contrato por modificaciones sustanciales de las condiciones de trabajo:

- Cuando esté motivada por modificaciones sustanciales en las condiciones de trabajo llevadas a cabo sin respetar lo previsto en el artículo 41 del ET y que redunden en menoscabo de la dignidad del trabajador. La indemnización exenta sería la establecida para los despidos improcedentes.

- Cuando se deba a modificaciones sustanciales de las condiciones de trabajo que afecten a la jornada de trabajo, el horario y distribución del tiempo de trabajo, el régimen de trabajo a turnos, el sistema de remuneración y cuantía salarial, o las funciones (cuando excedan de los límites para la movilidad funcional), por las que el trabajador resulte perjudicado, pero que no redunden en menoscabo de su dignidad. La indemnización exenta sería la correspon-

diente a 20 días de salario por año de servicio, prorrateándose por meses los períodos inferiores a un año y con un máximo de nueve meses.

Por lo demás, conviene tener presente que la acreditación de las causas que motivan la extinción de la relación laboral por voluntad del trabajador conforme al artículo 50 del ET podrá realizarse por cualquiera de los medios de prueba generalmente admitidos en derecho, siendo competencia de los órganos de gestión e inspección de la Administración tributaria la valoración de las pruebas aportadas.

Caso práctico | Exención en IRPF de indemnización por despido si vuelve a contratarse al trabajador por la misma empresa

PLANTEAMIENTO

Un trabajador cobra una indemnización por despido, exenta de IRPF. A los dos meses vuelve a ser llamado por la misma empresa y se reincorpora de nuevo en plantilla. ¿La indemnización por despido podrá quedar exenta del IRPF?

RESPUESTA

Parece que la indemnización no se encontraría exenta de IRPF, ya que no se ha producido la efectiva desvinculación del trabajador con la empresa.

El disfrute de la exención prevista en la letra e) del art. 7 de la LIRPF se condiciona, entre otros requisitos, a la real efectiva desvinculación del trabajador con la empresa, según indica el artículo 1 del RIRPF. **Se presumirá, salvo prueba en contrario, que no se da dicha desvinculación cuando en los tres años siguientes al despido o cese el trabajador vuelva a prestar servicios a la misma empresa o a otra empresa vinculada** en los términos del artículo 18 de la LIS.

Así las cosas, según indica la consulta vinculante de la DGT (V2781-23), de 10 de octubre de 2023, referida a un supuesto de posterior contratación por una empresa vinculada:

> «El precepto reglamentario condiciona el disfrute de la exención a la real y efectiva desvinculación del trabajador con la empresa, y presume, salvo prueba en contrario, que ocurre tal situación cuando se produzca una nueva contratación del trabajador despedido o cesado en las condiciones expuestas (que se trate de la misma empresa u otra vinculada y que se efectúe dentro de los tres años siguientes a la efectividad del despido o cese) sin que, a estos efectos, se especifique el tipo o naturaleza jurídica que deba adoptar el contrato, es decir, resulta indiferente tanto su duración como que los servicios prestados por el trabajador despedido dentro de los tres años siguientes deriven de una nueva relación laboral o de la realización de una actividad empresarial o profesional.
>
> En el caso que nos ocupa, el consultante manifiesta que tras ser despedida de una entidad bancaria se plantea comenzar a trabajar para una sociedad limitada que ha suscrito un contrato de colaboración con la entidad para la que trabajó. Al respecto debe advertirse que la exigencia del cumplimiento del requisito reglamentario de real y efectiva desvinculación del trabajador para disfrutar de la exención prevista en el artículo 7 e) no agota su contenido en la anterior presunción, por lo que en supuestos como el presente en el que la prestación de servicios por el trabajador despedido se efectúa en favor de una entidad independiente distinta a la entidad que le despidió sin que, por tanto, resulte de aplicación la citada presunción, quedará igualmente condicionada la aplicación de la citada exención a la real y efectiva desvinculación del consultante con su antigua empresa empleadora».

La acreditación de la real y efectiva desvinculación del trabajador es una cuestión de hecho que podrá demostrarse por cualquier medio de prueba válido en derecho, cuya valoración corresponderá a los órganos de comprobación e investigación de la AEAT.

Caso práctico | Exención en IRPF de indemnización por despido si se trabaja para empresa vinculada

PLANTEAMIENTO

Un contribuyente fue despedido en agosto de 2023 de la empresa en la que trabajaba desde 2018, percibiendo una indemnización de 3.543,25 €. Dicha indemnización se declaró como exenta y no se incluyó en la base imponible del IRPF correspondiente al ejercicio 2023. En febrero de 2025 decide prestar servicios para una empresa vinculada, que lo despidió en agosto de 2023. ¿Qué implicaciones conlleva esta decisión respecto al IRPF del contribuyente y cómo ha de proceder para regularizar su situación tributaria?

RESPUESTA

La prestación de servicios del contribuyente a una empresa vinculada con aquella que lo despidió en un plazo inferior a tres años desde que se produjo el despido del contribuyente conlleva la pérdida del derecho a la exención de la indemnización por despido y la necesidad de regularizar su situación tributaria. Dicha regulación de su situación tributaria se realizará mediante una declaración complementaria.

El contribuyente ha de regularizar su situación tributaria mediante la presentación de una **autoliquidación complementaria del IRPF correspondiente al ejercicio 2023** en la que se incluya la indemnización inicial percibida como rendimientos del trabajo, con inclusión de los **intereses de demora**. El plazo para presentarla abarcaría desde febrero de 2025, cuando el contribuyente se incorporó a la empresa vinculada, hasta la finalización del plazo de declaración correspondiente al periodo impositivo de 2025.

Esto es debido a que con la incorporación del contribuyente a una empresa vinculada a la que, con carácter previo, lo había despedido en los tres años siguientes desde que se produjo dicho despido, se pierde el derecho a la exención contemplada en los artículos 7.e) de la LIRPF y 1 del RIRPF, relativa a las indemnizaciones por despido o cese del trabajador.

Lo ha de realizar mediante autoliquidación complementaria en virtud de lo dispuesto en el apartado 1 del artículo 73 del RIRPF. En dicho artículo se recoge que *«cuando el contribuyente pierda la exención de la indemnización por despido o cese a que se refiere el artículo 1 de este Reglamento, deberá presentar autoliquidación complementaria, con inclusión de los intereses de demora, en el plazo que medie entre la fecha en que vuelva a prestar servicios y la finalización del plazo reglamentario de declaración correspondiente al período impositivo en que se produzca dicha circunstancia».*

A TENER EN CUENTA. Si, en lugar de modificar una autoliquidación del IRPF del ejercicio 2023, hubiera que modificar una del período impositivo 2024 o posterior, en vez de una autoliquidación complementaria habría que presentar una autoliquidación rectificativa.

Al respecto, puede resultar de interés la consulta vinculante de la Dirección General de Tributos (V1580-20), de 26 de mayo de 2020.

Caso práctico | ¿Están exentas las indemnizaciones por terminación de los contratos temporales o de duración determinada?

PLANTEAMIENTO

¿Está la indemnización por finalización de los contratos de obra o servicio determinado amparada por la exención del artículo 7.e) de la LIRPF?

RESPUESTA

No, no resulta de aplicación la exención prevista en el artículo 7.e) de la LIRPF a las indemnizaciones por finalización de los contratos de obra o servicio determinado.

El artículo 49.1.c) del Estatuto de los trabajadores establece lo siguiente:

«1. El contrato de trabajo se extinguirá:

(...)

c) Por expiración del tiempo convenido. A la finalización del contrato, excepto en los contratos formativos y el contrato de duración determinada por causa de sustitución, la persona trabajadora tendrá derecho a recibir una indemnización de cuantía equivalente a la parte proporcional de la cantidad que resultaría de abonar doce días de salario por cada año de servicio, o la establecida, en su caso, en la normativa específica que sea de aplicación.

(...)».

Por su parte, el párrafo e) del art. 7 de la LIRPF dispone que:

«Estarán exentas las siguientes rentas:

(...)

e) Las indemnizaciones por despido o cese del trabajador, en la cuantía establecida con carácter obligatorio en el texto refundido de la Ley del Estatuto de los Trabajadores, aprobado por el Real Decreto Legislativo 2/2015, de 23 de octubre, en su normativa de desarrollo o, en su caso, en la normativa reguladora de la ejecución de sentencias, sin que pueda considerarse como tal la establecida en virtud de convenio, pacto o contrato.

Sin perjuicio de lo dispuesto en el párrafo anterior, en los supuestos de despidos colectivos realizados, o cuando se extinga el contrato en el supuesto de la letra c) del artículo 52 del mismo texto, siempre que, en ambos casos, se deban a causas económicas, técnicas, organizativas, de producción o por fuerza mayor, quedará exenta la parte de indemnización percibida que no supere los límites establecidos con carácter obligatorio en el mencionado Estatuto para el despido improcedente.

No tendrán la consideración de indemnizaciones establecidas en virtud de convenio, pacto o contrato, las acordadas en el acto de conciliación ante el Servicio administrativo al que se refiere el artículo 63 de la Ley 36/2011, de 10 de octubre, reguladora de la jurisdicción social.

El importe de la indemnización exenta a que se refiere esta letra tendrá como límite la cantidad de 180.000 euros».

En cuanto a la aplicación de la mencionada exención a las indemnizaciones por finalización de los contratos temporales, la Dirección General de Tributos se ha pronunciado al respecto, entre otras, en sus consultas vinculantes (V3581-13), de 11 de diciembre de 2013 y (V1819-20) de 08 de junio de 2020, precisando:

«A efectos de la aplicación de la exención, **además de que la indemnización percibida venga establecida con carácter obligatorio en el Estatuto de los Trabajadores, es preciso que la causa de la misma sea el despido o cese del trabajador,** y en este último caso sólo en los supuestos que de acuerdo con la normativa laboral el trabajador tiene derecho a una indemnización por el cese; por el contrario **en los casos en que el trabajador percibe una indemnización** por causas distintas, **como puede ser en los supuestos de extinción del contrato de trabajo por expiración del tiempo convenido o por finalización de la obra o servicio, aunque exista derecho a la percepción de la misma no se trata de una renta exenta.**

En consecuencia, **las cantidades que se perciban estarán, como rendimientos del trabajo, plenamente sujetas al Impuesto,** conforme a lo previsto en el artículo 17 de la Ley del Impuesto sobre la Renta de las Personas».

Caso práctico | Exención del art. 7 LIRPF para indemnización por despido improcedente pactada antes del juicio

PLANTEAMIENTO

Margarita es despedida de su trabajo en 2025 y la empresa le reconoce una indemnización por despido improcedente de 72.000 euros. Tras el despido, ambas partes negocian una posible salida transaccional para evitar la vista judicial, y Margarita pretende que la cuantía final ascienda a 125.000 euros en atención a sus 31 años de prestación de servicios.

La improcedencia del despido no ha sido todavía reconocida en sentencia y el acuerdo se plantea antes de la celebración del juicio.

¿Resulta aplicable la exención del artículo 7.e) de la LIRPF cuando la indemnización por despido improcedente se pacta antes del juicio y sin reconocimiento de la improcedencia ante el SMAC ni por resolución judicial?

RESPUESTA

No, no resulta aplicable la exención del artículo 7.e) de la LIRPF si la improcedencia del despido no se reconoce en el acto de conciliación ante el Servicio de Mediación, Arbitraje y Conciliación (SMAC) ni mediante resolución judicial.

El artículo 7 de la LIRPF en su letra e) declara exentas las indemnizaciones por despido o cese del trabajador en la cuantía establecida con carácter obligatorio en el Estatuto de los Trabajadores o en su normativa de desarrollo, con exclusión de las fijadas en virtud de convenio, pacto o contrato, y con el límite general de 180.000 euros.

Ahora bien, para que la exención opere en los supuestos de despido improcedente, la doctrina administrativa exige que el reconocimiento de la improcedencia se produzca en una de estas dos vías: en el acto de conciliación ante el SMAC o por resolución judicial. Ese criterio aparece recogido expresamente en la consulta vinculante de la Dirección General de Tributos (V0458-23), de 1 de marzo de 2023, y se reitera de forma clara en su reciente consulta vinculante (V1836-25), de 13 de octubre de 2025.

Esta última, referida precisamente a un supuesto en el que la empresa y la trabajadora pretendían alcanzar un acuerdo antes de ir a juicio, concluye que, si la improcedencia del despido no parece haber sido reconocida en el acto de conciliación ante el SMAC o bien mediante resolución judicial, no resultará de aplicación la exención contemplada en el artículo 7.e) de la LIRPF.

Además, la redacción del artículo 7.e) de la LIRPF, tras la modificación operada por la LO 1/2025, de 2 de enero, aclara expresamente que «*no tendrán la consideración de indemnizaciones establecidas en virtud de convenio, pacto o contrato, las acordadas en el acto de conciliación ante el Servicio administrativo al que se refiere el artículo 63 de la Ley 36/2011, de 10 de octubre, reguladora de la jurisdicción social*».

Aplicado al caso, si la empresa y la trabajadora **pactan antes del juicio** una indemnización de 125.000 euros **sin formalizar el reconocimiento de la improcedencia** en el SMAC y sin sentencia judicial, la indemnización **no podrá beneficiarse de la exención** del artículo 7.e) de la LIRPF. En tal supuesto, la totalidad de lo percibido estará sujeta y no exenta, debiendo **calificarse fiscalmente como rendimiento del trabajo**.

No obstante, **lo anterior no impide** que pueda resultar aplicable, si concurren sus requisitos, la **reducción del 30 % del artículo 18.2 de la LIRPF**.

Caso práctico | Tributación en IRPF de la indemnización por despido en caso de readmisión

PLANTEAMIENTO

En el año 2024, «X» fue despedido, calificándose el despido como objetivo y percibiendo la correspondiente indemnización. Disconforme con la situación, presentó demanda ante la sección de lo social.

En el 2025, tras ser declarado nulo el despido, se ha procedido a la readmisión del trabajador en la misma empresa.

¿Es necesario efectuar algún tipo de regularización?

RESPUESTA

El contribuyente ha de proceder a la devolución de la indemnización por despido y regularizar su situación tributaria mediante una autoliquidación rectificativa relativa al ejercicio en que percibió el ingreso de la indemnización.

El art. 7 de la LIRPF, en su letra e), dispone que están exentas:

«e) Las indemnizaciones por despido o cese del trabajador, en la cuantía establecida con carácter obligatorio en el texto refundido de la Ley del Estatuto de los Trabajadores, aprobado por el Real Decreto Legislativo 2/2015, de 23 de octubre, en su normativa de desarrollo o, en su caso, en la normativa reguladora de la ejecución de sentencias, sin que pueda considerarse como tal la establecida en virtud de convenio, pacto o contrato.

Sin perjuicio de lo dispuesto en el párrafo anterior, en los supuestos de despidos colectivos realizados, o cuando se extinga el contrato en el supuesto de la letra c) del artículo 52 del mismo texto, siempre que, en ambos casos, se deban a causas económicas, técnicas, organizativas, de producción o por fuerza mayor, quedará exenta la parte de indemnización percibida que no supere los límites establecidos con carácter obligatorio en el mencionado Estatuto para el despido improcedente.

No tendrán la consideración de indemnizaciones establecidas en virtud de convenio, pacto o contrato, las acordadas en el acto de conciliación ante el Servicio administrativo al que se refiere el artículo 63 de la Ley 36/2011, de 10 de octubre, reguladora de la jurisdicción social.

El importe de la indemnización exenta a que se refiere esta letra tendrá como límite la cantidad de 180.000 euros».

Como señala la consulta vinculante de la Dirección General de Tributos (V0075-20), de 15 de enero de 2020:

«(...) el consultante, despedido en el período 2017, **en el supuesto en que finalmente proceda su readmisión atendiendo a una resolución judicial firme, debería proceder a la devolución a la empresa de la indemnización obtenida en dicho período.**

En caso de proceder la devolución de la indemnización por despido, su incidencia en el IRPF se produce, por su carácter de indebida, en la declaración del Impuesto en el que la misma se hubiera incluido. Por tanto, **el ingreso percibido en su día por tal concepto y que se reintegra procede excluirlo de aquella declaración, al considerarse que no se ha obtenido**, no habiéndose producido respecto al mismo el hecho imponible del impuesto: obtención de renta por el contribuyente (artículo 6 de la LIRPF)».

Se ha de tener en consideración asimismo lo dispuesto en el apartado 3 del artículo 120 de la LGT:

«3. Cuando un obligado tributario considere que una autoliquidación ha perjudicado de cualquier modo sus intereses legítimos, podrá instar la rectificación de dicha autoliquidación de acuerdo con el procedimiento que se regule reglamentariamente. No obstante, cuando lo establezca la normativa propia del tributo, la rectificación deberá ser realizada por el obligado tributario mediante la presentación de una autoliquidación rectificativa, conforme a lo dispuesto en el apartado 4 de este artículo.

Cuando la rectificación de una autoliquidación origine una devolución derivada de la normativa del tributo y hubieran transcurrido seis meses sin que se hubiera ordenado el pago por causa imputable a la Administración tributaria, ésta abonará el interés de demora del artículo 26 de esta Ley sobre el importe de la devolución que proceda, sin necesidad de que el obligado lo solicite. A estos efectos, el plazo de seis meses comenzará a contarse a partir de la finalización del plazo para la presentación de la autoliquidación o, si éste hubiese concluido, a partir de la presentación de la solicitud de rectificación o de la autoliquidación rectificativa.

Cuando la rectificación de una autoliquidación origine la devolución de un ingreso indebido, la Administración tributaria abonará el interés de demora en los términos señalados en el apartado 2 del artículo 32 de esta Ley.

No obstante, cuando la rectificación de una autoliquidación implique una minoración del importe a ingresar de la autoliquidación previa y no origine una cantidad a devolver, se mantendrá la obligación de pago hasta el límite del importe a ingresar resultante de la rectificación».

Así las cosas, el trabajador ha de presentar una **autoliquidación rectificativa**.

A TENER EN CUENTA. Tras la implementación efectiva de las autoliquidaciones rectificativas, cuyos primeros modelos se aprobaron a través de la Orden HAC/242/2025, de 13 de marzo (con entrada en vigor el 15 de marzo de 2025), y cuya regulación se contiene en el artículo 67 bis del RIRPF; estas pasaron a constituir la vía general para rectificar, completar o modificar autoliquidaciones ya presentadas en el ámbito del IRPF, salvo cuando la rectificación se base exclusivamente en la alegación razonada de una eventual vulneración por la norma aplicada en la autoliquidación previa de los preceptos de otra norma de rango superior legal, constitucional, de derecho de la UE o de un tratado o convenio internacional. Ahora bien, tal y como señala la AEAT en los Manuales de Renta 2024 y 2025, este nuevo sistema se configura como el procedimiento general de modificación de declaraciones de IRPF correspondientes al período impositivo 2024 y siguientes; pero las modificaciones de declaraciones correspondientes a períodos impositivos anteriores a 2024 se efectuarán de acuerdo con el sistema anterior.

Caso práctico | Reducción en IRPF por rendimientos irregulares en caso de indemnización por despido superior a 700.000 euros

PLANTEAMIENTO

Un contribuyente ha sido despedido en el marco de una relación laboral común, percibiendo una indemnización por despido de 800.000 euros (coincidente con el mínimo obligatorio que el ET establece para ese supuesto, a tener en cuenta a efectos de exención en el IRPF).

¿Qué parte de la indemnización quedará exenta del IRPF? De existir algún exceso por el que deba tributar el contribuyente, ¿qué cantidad podrá reducirse conforme al artículo 18.2 de la LIRPF?

RESPUESTA

Según se indica, la indemnización de 800.000 euros sería coincidente con la legalmente establecida para ese supuesto en el ET a efectos de exención en IRPF, por lo que, en principio y de darse los demás requisitos, podrá quedar exenta hasta el límite de 180.000 euros que la letra e) del artículo 7 de la LIRPF fija como máximo.

El artículo 7 de la LIRPF en su letra e) establece que el importe de la indemnización exenta tendrá como límite máximo la cantidad de 180.000 euros.

El exceso de indemnización no exento (los 620.000 euros restantes) tributaría como rendimiento del trabajo en el IRPF del trabajador despedido, aunque podría aplicarse la reducción por rendimientos irregulares del apartado 2 del artículo 18 de la LIRPF (siempre que se cumplan los requisitos para ello).

De cara a la reducción, como el importe de la indemnización (800.000 euros) excede de 700.000 euros, no puede aplicarse el límite general de 300.000 euros que establece el artículo 18.2 de la LIRPF, sino que la **cuantía del rendimiento sobre la que se aplicará la reducción no podrá superar el importe que resulte de minorar 300.000 euros en la diferencia entre la cuantía del rendimiento y 700.000 euros**. Es decir, no podrá superar: 300.000 - (800.000 - 700.000) = 300.000 - 100.000 = 200.000 euros.

Por lo tanto, la indemnización se tratará del siguiente modo:

- **180.000 euros exentos.**

- **620.000 euros sujetos y no exentos**, pudiendo el contribuyente **reducir el 30 % de 200.000 euros** (esto es, 60.000 euros).

Caso práctico | Exención y reducción por rendimientos del trabajo irregulares en IRPF en caso de indemnización por despido percibida de forma fraccionada en varios años

PLANTEAMIENTO

Un trabajador ha percibido una indemnización por despido de 200.000 euros, coincidente con el mínimo obligatorio fijado por el ET a efectos de la exención en IRPF para ese supuesto, fraccionada en cuatro años:

- 90.000 euros en 2022.
- 45.000 euros en 2023.
- 35.000 euros en 2024.
- 30.000 euros en 2025.

Tenía una antigüedad en la empresa de 19 años.

¿Está exenta de IRPF toda la indemnización? En caso de que alguna parte no quede exenta, ¿podría aplicarse la reducción del 30 % del artículo 18.2 de la LIRPF?

RESPUESTA

Según se indica, la indemnización de 200.000 euros sería coincidente con la legalmente establecida para ese supuesto en el ET a efectos de la exención en IRPF; por lo que, en principio y de darse los demás requisitos, podrá quedar exenta hasta el límite de 180.000 euros que fija como máximo la letra e) del artículo 7 de la LIRPF.

El exceso no exento (los 20.000 euros restantes) tributaría como rendimiento del trabajo en el IRPF del trabajador despedido. Con todo, cabría la reducción por rendimientos con período de generación superior a dos años del apartado 2 del artículo 18 de la LIRPF, en la medida en que se cumple el requisito que indica el artículo 12.2 del RIRPF: el cociente resultante de dividir el número de años de generación, computados de fecha a fecha, entre el número de períodos impositivos de fraccionamiento, es superior a dos. No en vano: número de años de generación / número de períodos impositivos de fraccionamiento = 19 / 4 = 4,75.

Por lo tanto, los rendimientos se tratarían del siguiente modo:

- 2022: 90.000 euros exentos.
- 2023: 45.000 euros exentos.
- 2024: 35.000 euros exentos.
- 2025: 10.000 euros exentos y 20.000 euros sujetos y no exentos, sobre los que podrá aplicarse una reducción del 30 % (6.000 euros).

Caso práctico | Tributación en IRPF de una prejubilación por mutuo acuerdo con cobro fraccionado

PLANTEAMIENTO

Un trabajador extingue en 2025 su relación laboral de mutuo acuerdo con la empresa, acogiéndose a un programa de prejubilación voluntaria. El acuerdo suscrito prevé que la empresa le abone una compensación económica desde 2025 hasta 2034, mediante pagos periódicos.

¿Pueden beneficiarse esas cantidades de la exención prevista para determinadas indemnizaciones por despido o cese del trabajador?

RESPUESTA

Las cantidades percibidas en una prejubilación acordada por mutuo acuerdo tributan en el IRPF como rendimientos del trabajo, no quedan amparadas por la exención del artículo 7.e) de la LIRPF.

En primer lugar, la compensación satisfecha por la empresa al trabajador con motivo de la prejubilación tiene la naturaleza de **rendimiento íntegro del trabajo**, al derivar directamente de la relación laboral, conforme al apartado 1 del artículo 17 de la LIRPF, que establece lo siguiente:

> «1. Se considerarán rendimientos íntegros del trabajo todas las contraprestaciones o utilidades, cualquiera que sea su denominación o naturaleza, dinerarias o en especie, que deriven, directa o indirectamente, del trabajo personal o de la relación laboral o estatutaria y no tengan el carácter de rendimientos de actividades económicas.
> (...)».

Por otro lado, y en relación a la exención, el artículo 7 de la LIRPF, letra e), prevé lo siguiente:

> «e) Las **indemnizaciones por despido o cese del trabajador, en la cuantía establecida con carácter obligatorio** en el texto refundido de la Ley del Estatuto de los Trabajadores, aprobado por el Real Decreto Legislativo 2/2015, de 23 de octubre, en su normativa de desarrollo o, en su caso, en la normativa reguladora de la ejecución de sentencias, **sin que pueda considerarse como tal la establecida en virtud de convenio, pacto o contrato.**
> Sin perjuicio de lo dispuesto en el párrafo anterior, en los supuestos de despidos colectivos realizados, o cuando se extinga el contrato en el supuesto de la letra c) del artículo 52 del mismo texto, siempre que, en ambos casos, se deban a causas económicas, técnicas, organizativas, de producción o por fuerza mayor, quedará exenta la parte de indemnización percibida que no supere los límites establecidos con carácter obligatorio en el mencionado Estatuto para el despido improcedente.

No tendrán la consideración de indemnizaciones establecidas en virtud de convenio, pacto o contrato, las acordadas en el acto de conciliación ante el Servicio administrativo al que se refiere el artículo 63 de la Ley 36/2011, de 10 de octubre, reguladora de la jurisdicción social.

El importe de la indemnización exenta a que se refiere esta letra tendrá como límite la cantidad de 180.000 euros».

En vista de lo anterior, no resulta aplicable la **exención del artículo 7.e) de la LIRPF**. Dicha exención alcanza a las indemnizaciones por despido o cese en la cuantía obligatoria legalmente establecida y excluye expresamente las fijadas en virtud de convenio, pacto o contrato. Cuando la extinción de la relación laboral se produce por **mutuo acuerdo**, no estamos ante un despido colectivo ni ante un cese indemnizado en los términos exigidos por ese precepto, por lo que las cantidades satisfechas quedan **sujetas y no exentas**.

Puede acudirse al respecto a la **consulta vinculante de la Dirección General de Tributos (V1183-21), de 29 de abril de 2021**, que, en un supuesto de extinción de mutuo acuerdo en 2020 con una compensación a percibir entre 2020 y 2027, concluye expresamente que **no resulta aplicable la exención del artículo 7.e) de la LIRPF** y que las cantidades percibidas deben tributar como rendimientos del trabajo.

Caso práctico | ¿La parte de una indemnización por despido a plazos pagada a los herederos tras la muerte del extrabajador tributa en IRPF o ISD?

PLANTEAMIENTO

Joaquín falleció en 2025, teniendo pendientes de cobro varios plazos de la indemnización por despido objetivo acordada con la entidad financiera para la que había trabajado.

El acuerdo suscrito en su día establecía que Joaquín percibiría una determinada cantidad mensual hasta que cumpliera 63 años, en 12 pagos al año que se realizarían el último día hábil de cada mes. También se estipulaba que, si fallecía antes de alcanzar esa edad, la entidad financiera seguiría abonando íntegramente la renta mensual a sus herederos legales, hasta la fecha en la que Joaquín habría cumplido 63 años.

Tras su fallecimiento, los herederos legales de Joaquín cobran determinadas cantidades que por ese concepto les abona la entidad financiera (antigua empleadora de Joaquín).

¿Esas cantidades tributarán en el IRPF o en el ISD?

RESPUESTA

Los importes exigibles por Joaquín hasta la fecha de su fallecimiento se imputarán como rendimientos del trabajo en su IRPF. Sin embargo, los pagos correspondientes a la indemnización percibidos por sus herederos, cuya exigibilidad fuera posterior al fallecimiento del extrabajador, deberán tributar en el Impuesto sobre Sucesiones y Donaciones (ISD).

Según el artículo 17.1 de la LIRPF, los rendimientos íntegros del trabajo incluyen «*todas las contraprestaciones o utilidades, cualquiera que sea su denominación o naturaleza, dinerarias o en especie, que deriven, directa o indirectamente, del trabajo personal o de la relación laboral o estatutaria y no tengan el carácter de rendimientos de actividades económicas*». En esa medida, los importes mensuales que la entidad financiera venía satisfaciendo a Joaquín constituían rendimientos del trabajo para él, a efectos de su tributación en el IRPF. Por lo tanto, **los importes exigibles por el exempleado hasta la fecha de su fallecimiento se imputarán como rendimientos del trabajo en su IRPF**.

Ahora bien, las **cantidades que los herederos legales perciben** como consecuencia del acuerdo alcanzado entre Joaquín y la entidad financiera se cobran en la condición de herederos legales del extrabajador (por haber fallecido este antes de cumplir los 63 años) y **deben tributar por el ISD**. No en vano, a la vista del artículo 10.1.a) del RISD, la adquisición de bienes y derechos por herencia, legado o cualquier otro título sucesorio constituye el hecho imponible de dicho impuesto; y, según el artículo 11.c) del RISD, entre otros, son títulos sucesorios a los efectos del ISD, junto con la herencia y el legado:

> «c) Los que atribuyan el derecho a la percepción de las cantidades que, cualquiera que sea su modalidad o denominación, las empresas y entidades en general entreguen a los familiares de miembros o empleados fallecidos, siempre

que no esté dispuesto expresamente que estas percepciones deban tributar por la letra c) del artículo 10 o en el Impuesto sobre la Renta de las Personas Físicas».

Finalmente, de conformidad con el artículo 14.1 del RISD, la percepción de estas cantidades está sujeta al ISD como derecho sucesorio, tanto si se reciben como renta temporal o como pago único.

En conclusión, y según señala para un supuesto análogo la consulta vinculante de la Dirección General de Tributos (V1682-24), de 10 de julio de 2024, los pagos correspondientes a la indemnización percibidos por los herederos, **cuya exigibilidad fuera posterior al fallecimiento del extrabajador**, deberán tributar exclusivamente en el ISD.

Caso práctico | Obligación de declarar en IRPF cuando en el ejercicio se ha cobrado una indemnización por despido y prestación por desempleo

PLANTEAMIENTO

Emilio fue despedido y, en 2025, tras devenir firme la sentencia judicial que declaró improcedente el despido, percibió una indemnización por despido de 60.000 euros, exenta de IRPF.

En ese mismo ejercicio cobró también la prestación por desempleo del Servicio Público de Empleo Estatal, que ascendió a un total de 18.000 euros. No obtuvo otros rendimientos ese año.

¿Tendrá obligación de presentar declaración por el IRPF correspondiente a 2025?

RESPUESTA

A la hora de computar los límites de la obligación de declarar, no se tomará en consideración la indemnización por despido percibida en la medida en que se encuentre exenta. Por lo tanto, si no existen otros rendimientos del trabajo distintos de la prestación por desempleo, el límite determinante de la obligación de declarar por la obtención de rendimientos del trabajo será el de 22.000 euros anuales.

Conforme al artículo 7.e) de la LIRPF, en la redacción dada al mismo por la Ley Orgánica 1/2025, de 2 de enero, con entrada en vigor el 3 de abril de 2025:

«Estarán exentas las siguientes rentas:

(...)

e) Las indemnizaciones por despido o cese del trabajador, en la cuantía establecida con carácter obligatorio en el texto refundido de la Ley del Estatuto de los Trabajadores, aprobado por el Real Decreto Legislativo 2/2015, de 23 de octubre, en su normativa de desarrollo o, en su caso, en la normativa reguladora de la ejecución de sentencias, sin que pueda considerarse como tal la establecida en virtud de convenio, pacto o contrato.

Sin perjuicio de lo dispuesto en el párrafo anterior, en los supuestos de despidos colectivos realizados, o cuando se extinga el contrato en el supuesto de la letra c) del artículo 52 del mismo texto, siempre que, en ambos casos, se deban a causas económicas, técnicas, organizativas, de producción o por fuerza mayor, quedará exenta la parte de indemnización percibida que no supere los límites establecidos con carácter obligatorio en el mencionado Estatuto para el despido improcedente.

No tendrán la consideración de indemnizaciones establecidas en virtud de convenio, pacto o contrato, las acordadas en el acto de conciliación ante el Servicio administrativo al que se refiere el artículo 63 de la Ley 36/2011, de 10 de octubre, reguladora de la jurisdicción social.

El importe de la indemnización exenta a que se refiere esta letra tendrá como límite la cantidad de 180.000 euros».

Dado que el propio planteamiento indica que la indemnización por despido improcedente se encuentra exenta de IRPF, entendemos que efectivamente se cumplen todos los requisitos para ello y pasamos a analizar lo relativo a la **obligación de declarar**.

El artículo 96 de la LIRPF regula con carácter general la obligación de presentar declaración en el IRPF y, por lo que aquí nos interesa, señala lo siguiente:

«1. Los contribuyentes estarán obligados a presentar y suscribir declaración por este Impuesto, con los límites y condiciones que reglamentariamente se establezcan.

2. No obstante, **no tendrán que declarar los contribuyentes que obtengan rentas procedentes exclusivamente de las siguientes fuentes**, en tributación individual o conjunta:

a) **Rendimientos íntegros del trabajo, con el límite de 22.000 euros anuales.**

(...)

3. El **límite a que se refiere la letra a) del apartado 2 anterior será de 15.876 euros para los contribuyentes que perciban rendimientos íntegros del trabajo** en los siguientes supuestos:

a) Cuando **procedan de más de un pagador.** No obstante, el límite será de 22.000 euros anuales en los siguientes supuestos:

1.º Si la suma de las cantidades percibidas del segundo y restantes pagadores, por orden de cuantía, no supera en su conjunto la cantidad de 1.500 euros anuales.

2.º Cuando se trate de contribuyentes cuyos únicos rendimientos del trabajo consistan en las prestaciones pasivas a que se refiere el artículo 17.2.a) de esta Ley y la determinación del tipo de retención aplicable se hubiera realizado de acuerdo con el procedimiento especial que reglamentariamente se establezca.

(...)

4. Estarán obligados a declarar en todo caso los contribuyentes que tengan derecho a deducción por doble imposición internacional o que realicen aportaciones a patrimonios protegidos de las personas con discapacidad, planes de pensiones, planes de previsión asegurados o mutualidades de previsión social, planes de previsión social empresarial y seguros de dependencia que reduzcan la base imponible, en las condiciones que se establezcan reglamentariamente.

(...)».

En consecuencia, en el supuesto planteado, **a los efectos de computar estos límites, no se tomará en consideración la indemnización por despido percibida, en la medida en que se encuentre exenta**. De este modo, si no existen otros rendimientos del trabajo distintos de la prestación por desempleo, el límite determinante de la obligación de declarar por la obtención de rendimientos del trabajo será el de 22.000 euros anuales.

A tal respecto, puede resultar de interés la consulta vinculante de la Dirección General de Tributos (V1663-25), de 16 de septiembre de 2025, referida a un supuesto similar.

Caso práctico | Traslado de puesto de trabajo a municipio distinto con cambio de residencia y exención en IRPF de la compensación pagada por la empresa

PLANTEAMIENTO

La empresa para la que un trabajador presta sus servicios por cuenta ajena lo trasladó de puesto de trabajo a un municipio diferente, lo que le exigió un cambio de residencia. Por ese motivo, la empresa le abonó una compensación de 3.000 euros.

Para el traslado, el trabajador y su esposa contrataron una empresa de mudanzas, cuyo coste ascendió a 1.400 euros (justificados a través de factura). El matrimonio se desplazó al nuevo destino (a una distancia de 650 kilómetros) en su propio vehículo, sin pernoctar. Todo ello está debidamente justificado y acreditado.

¿Qué cantidades podrán quedar exceptuadas de gravamen en el IRPF del trabajador como asignaciones con motivo del traslado?

RESPUESTA

De las cantidades percibidas de la empresa por motivo del traslado, quedarán exonerados de gravamen 1.622,34 euros, de acuerdo con el artículo 9 del RIRPF. Por lo tanto, el trabajador tendrá que consignar como ingresos íntegros fiscalmente computables por dicho concepto 1.377,66 euros.

En este sentido, establece el artículo 9 del RIRPF lo siguiente:

> «B. Reglas especiales:
> (...)
> 2. **Estarán exceptuadas de gravamen las cantidades que se abonen al contribuyente con motivo del traslado de puesto de trabajo a municipio distinto**, siempre que dicho traslado exija el cambio de residencia y **correspondan, exclusivamente, a gastos de locomoción y manutención del contribuyente y de sus familiares durante el traslado y a gastos de traslado de su mobiliario y enseres**».

Al tratarse de un traslado de puesto de trabajo a municipio distinto, que exige el cambio de residencia, las cantidades que la empresa haya abonado al trabajador para compensarle por los gastos generados por ese traslado quedarán excluidas de gravamen en su IRPF siempre que correspondan a gastos de locomoción y manutención del contribuyente y de sus familiares durante el traslado y a gastos de traslado de su mobiliario y enseres.

Por tanto, quedarán exceptuados de gravamen los siguientes importes (partiendo de la base de que las distintas circunstancias e importes están debidamente justificados):

- Gastos de locomoción: 650 km recorridos x 0,26 euros/km = 169 euros.
- Gastos de manutención de ambos cónyuges (desplazamiento dentro del territorio español y sin pernocta): 26,67 euros/día x 2 = 53,34 euros.

- Gastos de traslado del mobiliario y enseres: 1.400 euros (justificados a través de factura de la empresa de mudanza).
- **Total gastos exonerados de gravamen:** 169 + 53,34 + 1.400 = **1.622,34 euros.**

Ello supone que, de las cantidades percibidas de la empresa, el trabajador tendrá que **consignar como ingresos íntegros fiscalmente computables:** 3.000 - 1.622,34 = **1.377,66 euros.**